C000097982

Nein
zu Krankheit, Alter, Tod!

*Der menschliche Weg und
sein unsterbliches Leben*

Ich bin gekommen, damit sie das Leben haben.
Joh 10,10

Abb.1: "Mein Königreich auf Erden -
ist Mein Leben in der Seele des Menschen",
Jesus zu Schwester Faustina [1]

Ich bitte darum, dass alles, was ich mitteile und schreibe,
in jedem Augenblick sowohl dem höchsten Wohl anderer
als auch meinem eigenen höchsten Wohl dienen möge.

Gewidmet
allen, die glauben und vertrauen,
dass die göttliche Kraft uns trägt!

© 2020 Franziska H. Kuba
Erste Auflage

Autor: Franziska H. Kuba
Umschlaggestaltung, Illustration: Raimund Horny
Umschlagfoto: Chefalú, Sizilien, Raimund Horny
Lektorat, Korrektorat: Leonie Horny & Tamara Brenner

Verlag & Druck: tredition GmbH, Halenreie 40-44, 22359 Hamburg
ISBN: 978-3-7497-8468-4 (Paperback)
        978-3-7497-8469-1 (Hardcover)
        978-3-7497-8470-7 (e-Book)

Das Werk, einschließlich seiner Teile, ist urheberrechtlich geschützt. Jede Verwertung ist ohne Zustimmung des Verlages und des Autors unzulässig. Dies gilt insbesondere für die elektronische oder sonstige Vervielfältigung, Übersetzung, Verbreitung und öffentliche Zugänglichmachung.

Bibliografische Information der Deutschen Nationalbibliothek:
Die Deutsche Nationalbibliothek verzeichnet diese Publikation in der Deutschen Nationalbibliografie; detaillierte bibliografische Daten sind im Internet über http://dnb.d-nb.de abrufbar.

Inhaltsverzeichnis

1. Vorwort und Danksagung

Das Thema „Der menschliche Weg und sein unsterbliches Leben" ist für viele ungewöhnlich und war es für mich auch. Doch der Schritt in das Unbekannte führte nicht in das Chaos, sondern Frieden und Freude stellte sich ein, und ich fühlte mich geführt und getragen. Welch eine Freiheit: Nein zu Krankheit, Alter und Tod!

Die Zeit der Recherchen und des Schreibens war für mich spannend und kraftvoll zugleich. Nicht als Gegensatz zu den Religionen sind einige Texte zu verstehen, sondern die Einheit in der Vielfalt zu erkennen, steht im Vordergrund. Vorbei ist auch die Zeit des Gottes nur für die Christen oder Juden oder Muslimen oder wer immer auf den Allumfassenden einen Prioritätsanspruch erhebt. Jeder Mensch trägt in sich den göttlichen Funken. Gott, der unser Vater ist, befreit uns von aller Not und allen Krankheiten, dessen Ursachen wir in diesem Leben oder in den Leben vorher selbst geschaffen haben. Wenn sich unser Fokus der Dankbarkeit und Freude zuwendet, trägt uns unser Glaube und das Vertrauen über alle Schwierigkeiten.

> **„Der Herr ist allen, die ihn anrufen, nahe, /**
> **allen, die zu ihm aufrichtig rufen."** Ps 145,18

Rund um meinen 70igsten Geburtstag rückte die Sinnfrage des eigenen Lebens bzw. auch die der Umwelt wieder stark in den Vordergrund. Unmittelbar und in direktem Zusammenhang stellt sich die Frage: Was bedeutet es für mich, ein Gotteskind zu sein? Ich bin überzeugt, dass dort, wo Leben ist, Gott ist. Meine Seele ist unmittelbar mit Gott verbunden, sie wohnt in meinem Körper. Jede menschliche Seele hat den göttlichen Funken, er ist nicht in der einen Seele mehr als in einer anderen. Der Unterschied liegt beim Menschen selbst, einige sind sich des Göttlichen mehr bewusst, andere weniger. Müsste sich dieses Wissen nicht auch in unserem Körper und Geist auswirken und müssten wir dann nicht alle viel mehr Freude, Liebe und Frieden ausstrahlen? Zweifeln wir noch, ob wir wirklich alle Kinder Gottes sind? Oder stehen da immer noch im Vordergrund die Gebote? Wie komisch würde es sein, wenn das Zusammenleben mit den eigenen Eltern vordergründig von Regeln bestimmt wird. Auch wenn die menschlichen Beziehungen zwischen Eltern und Kind nie als perfekt angesehen werden können, gibt es doch ein Verstehen, ein Verzeihen mit einer Liebe, die trägt. Trauer, Wut, Eifersucht und Machtausübung können diese Liebe nie vollständig zum Verlöschen bringen. Oft dauert es Jahrzehnte bis der Mensch ansatzweise begreift, dass seine Eltern auf ihre Weise nur das Beste geben wollten.

Oder ist einer unter euch, der seinem Sohn einen Stein gibt, wenn er um Brot bittet, oder eine Schlange, wenn er um einen Fisch bittet?

Wenn nun schon ihr, die ihr böse seid, euren Kindern gebt, was gut ist, wie viel mehr wird euer Vater im Himmel denen Gutes geben, die ihn bitten. *Mt 7,9-11*

Nehmen wir die Liebe unserer Eltern als Ahnung, wie die allumfassende Liebe wirken kann, dann sind wir überwältigt von einem Gottesbild, das uns über alle Schwierigkeiten trägt. Gott kennt keine Grenzen und nichts kann von der göttlichen Dimension ausgegrenzt werden. Das Thema Unsterblichkeit schließt für mich die ganze Fülle des göttlichen Lebens auf der Erde mit ein. Es ist unmittelbar an unser ganzes Sein gebunden, es ist das Leben selbst. Unser Vater-Mutter-Gott liebt alles und alle uneingeschränkt und wir als seine Kinder dürfen diese umfassende Liebe und Barmherzigkeit weitergeben. Jesus, der Erstgeborene, der geliebte Sohn seines Vaters, hat für alle den Weg bereitet, und wir dürfen ihn in Freiheit und Freude folgen. Übergibt der Mensch alles der göttlichen Kraft, dann wird das Leben entspannt und Friede kehrt ein in einer völlig neuen Weise. Hier gibt es keine langen Wartezeiten, die Veränderungen geschehen schnell und der Mensch geht voll Freude und Dankbarkeit Hand in Hand mit seinen Mitmenschen durchs Leben. Einzige Bedingung ist, wir müssen uns bemühen und unser Lebensziel darauf ausrichten:

> **Bittet, so wird euch gegeben;**
> **suchet, so werdet ihr finden;**
> **klopfet an, so wird euch aufgetan.**
> *Mt 7,7*

***

Jetzt ist es Zeit, „Danke" zu sagen!

Für die vielen Inspirationen, Fügungen und Unterstützungen „Gott sei Dank". Im Besonderen auch an die zahlreichen Autorinnen und Autoren, die ihren göttlichen Weg unbeirrbar gingen und mir Mut gaben, dieses Buch zu schreiben;
Leonie Horny und Tamara Brenner für das Korrekturlesen, meinem Sohn Raimund mit Elias für das Layout und die Arbeit mit dem Verlag.
Franziska H. Kuba

***

Die Autorin hat bei der Erstellung dieses Buches Informationen und Ratschläge mit Sorgfalt recherchiert und geprüft, dennoch erfolgen alle Angaben ohne Gewähr; Verlag und Autorin können keinerlei Haftung für etwaige Schäden und Nachteile übernehmen, die sich aus der praktischen Umsetzung der in diesem Buch dargestellten Inhalte ergeben. Bitte respektieren Sie die Grenzen der Selbstbehandlung und suchen Sie bei Erkrankungen einen erfahrenen Arzt auf.

2. Unsterblich, ein unermesslicher Gedanke angesichts der vielen Friedhöfe und Begräbnisse

**Der Tod ist nicht näher bei den Bejahrten
als bei den Neugeborenen;
das Leben auch nicht.**
Kahlil Gibran

Mein Leben lang waren mir Friedhöfe und Begräbnisse vertraut. Ich wuchs bei meinen Großeltern auf und der Umgang mit Krankheit und Tod waren für mich zum Leben gehörend. Meine Großmutter hatte ein schwaches Herz und selbst als Kleinkind war mir daher bewusst, dass das Leben begrenzt ist und endet. Der katholische Glaube war präsent und Gott unerreichbar für den Menschen. Die Aussicht nach dem Sterben gleich in den Himmel zu kommen, wurde als Anmaßung gegenüber Gott erklärt, wo wir doch alle sündig und schuldig sind. Ich verstand es nicht, wo denn meine Großmutter sündig sein sollte. Sie führte ein einfaches Leben ohne Alkohol und Feste, ging früh schlafen, lebte ganz für ihre Familie und liebte auch meinen Großvater. Ihr Vertrauen zu Gott war unerschütterlich und ich bin ihr dankbar, dass auch ich mein ganzes Leben lang nie an der Gegenwart des Göttlichen gezweifelt habe.

Dass auch ich nicht gleich in den Himmel kommen würde, falls ich sterbe, war mir klar. Hatte ich doch so viele Sünden: Nie konnte ich still sein, alles musste ich immer besser wissen und zudem blickte ich auch noch gerne in den Spiegel, wo der Teufel heraus schauen sollte. Die Erstkommunion machte aus mir fast ein heiliges Kind, das sich überaus bemühte, es allen recht zu machen. Mein kindliches Bestreben war schon sehr früh, ein Leben ganz Gott zu widmen bzw. in ein Kloster zu gehen. Unterstützung bekam ich in meiner Klosterschule nicht, denn als heranwachsendes Mädchen waren manche Nonnen der Meinung, dass der Umgang für andere Schülerinnen mit mir zu meiden sein sollte. Was ich eigentlich nicht verstand, denn ich kannte die vielen Erlebnisse mit dem anderen Geschlecht meiner Mitschülerinnen und die waren im Vergleich zu mir schon sehr erfahren. Ich denke, ich war schlicht und einfach ein ganz normales lebhaftes Kind, das aber schon sehr früh eine eigenständige Meinung von der Welt hatte. Nach der Schule entwickelte ich mich nach außen ganz normal weiter, heiratete früh und bekam drei ganz liebe Kinder. Meine Familie wurde größer und meine Kinder mit ihren Partnern schenkten mir vier großartige Enkel.

Die Thematik über Sterben und Tod ließ mich nicht los und mein Interesse war so groß, dass ich - als meine Kinder die Pflichtschulen abgeschlossen hatten – katholische Theologie studierte, um endlich Antworten auf meine Fragen zu bekommen. Schlussendlich war das Studium der katholischen Theologie äußerst interessant, besonders die Philosophie, aber auch nach dem Abschluss hatte ich immer noch für viele meiner grundlegen-

10

den Fragen keine Antworten. Besonders die katholischen Begräbnisse, die Predigten in den Gottesdiensten und Gespräche mit den Geistlichen hinterließen viel zu viele offene Fragen.

Als ich mich dem überkonfessionellen Schamanismus zuwandte, erlebte ich ihn nicht als Gegensatz zur Religion, sondern als einen „Schlüssel zum Glauben" [2]. Besonders spannend waren die Seminare, wie z.B. „Tod und Sterben". Ich erlebte den Übergang vom Leben zum Tode auf meinen schamanischen Reisen als ein Heimgehen in die Herrlichkeit und in das Licht. Tief bewegt, wollte ich von nun an schamanische Sterbebegleitung anbieten, um auch andere Menschen, an dieser für mich neuen Freiheit teilhaben zu lassen.

Und wieder bringt das Leben Überraschungen. Je intensiver ich mich mit der Thematik um das Sterben bzw. „Heimgehen" auseinandersetzte und forschte, desto weniger ist Sterbebegleitung und umso mehr Lebensbegleitung mein Hauptthema geworden. Faszinierend ist für mich die Tatsache, dass je mehr der Mensch im Stande ist, sich mit seiner unsterblichen Seele zu verbinden und das Göttliche in sich zu entdecken und zu leben, je mehr kann er positive Lebensqualitäten aufnehmen, wie Liebe, Licht, Freude, Friede, Dankbarkeit, usw. und damit wieder mit Wohlbefinden in Gesundheit leben. Seine physischen Begrenzungen werden nach und nach aufgehoben. Die Erfahrung, dass die einzigen Beschränkungen wir uns selbst machen, erlebe ich als Freiheit, jeden Augenblick mein Leben neu gestalten zu können.

Viele Menschen waren und sind meine Wegbegleiter. Mit ihnen durfte ich vieles lernen und erfuhr auch Heilungen. Im gegenständlichen Buch versuche ich einen Bogen zu spannen, beginnend von der Menschwerdung und über unsere bewusst oder unbewusst übernommenen Vorstellungen bis zur Aufhebung von allen Begrenzungen. Wichtig ist für mich aufzuzeigen, wie der Mensch Hilfe und Heilung erfährt in seinem Leben und was uns hindert kraftvoll und gesund zu sein. Ich suchte in den Heiligen Büchern, was den Menschen Gesundheit und Freude gebracht hat. Die Sehnsucht, nicht nur tausende Jahre alte Quellen zu benutzen, sondern im Hier und Jetzt Heilung zu erfahren, brachten mich u.a. zu den neun Heilerinnen und Heilern des neuen Zeitalters. Ihre Unterschiedlichkeit machte mir bewusst, dass es viele heilsame Wege gibt. Hier auszuwählen und mich auf das Wesentliche zu fokussieren, war nicht leicht, denn es ist auch immer die „Qual der Wahl". Grundvoraussetzung für eine vollkommene Heilung bleibt immer der Glaube an eine Kraft, die allmächtig, all-liebend und allwissend ist. Jeder Mensch trägt den göttlichen Funken in sich. Das Angebot ist da, und wofür immer sich der Mensch in seinem freien Willen entscheidet, ist zu akzeptieren.

Letztendlich sind die wesentlichen Antworten auf die eigenen Sinnfragen vom Menschen selbst zu finden. Wir sind ein Teil des Ganzen, und jede Seele hat im Ganzen seine besondere Rolle zu spielen. Mein Leben wird dadurch spannend, und ich freue mich, dass ich laufend Neues und Kraftvolles erfahren darf. Wohin es mich führt, da lasse ich mich überraschen. Von Herzen bin ich dankbar und erfreue mich meines Lebens täglich in dem Wissen, dass wir alle Töchter und Söhne Gottes sind. Vieles gibt es noch zu lernen und jeden Tag achtsam zu leben. Dort wo Gottes Liebe ist, ist Harmonie und Freude – so einfach kann das Leben werden.

3. Der menschliche Weg im Wandel der Zeit

3.1. Der Anfang der Menschheit

Am sechsten Tage schuf Gott den Menschen als Mann und Frau, so in den Überlieferungen des Alten Testaments. Und Mose bezeugt:

"Noch ehe die Berge geboren waren / und die ganze Welt in Wehen lag, / warst du, Gott, da / und bleibst in alle Ewigkeit." *Psalm 90,2*

Die Vorstellung einer von Gott gezielt und bewusst geschaffenen Welt zieht die Frage nach sich, warum er das getan hat und was Seine Ziele und Pläne für diese Welt sind.

Die Abbildung 2 aus der Bible moralisée, Codex Vindobonensis 2554, zeigt Gott bei der Erschaffung der Welt, die Er nach Maß und Zahl geordnet und damit auch grundsätzlich für den Menschen entschlüsselbar angelegt hat. Der Künstler stellt bildhaft das ewige Gesetz, die heilige Geometrie (Kap. 6.3.3.) dar: Alles geordnet nach Maß, Zahl und Gewicht. Liebevoll hält Gott die Erde in seiner linken Hand und in der rechten den Zirkel. Auf das geordnete Maß und Zahl liegt Seine Aufmerksamkeit.

Abbildung 2: Erschaffung der Welt. Titelblatt der «Bible moralisée» (Frankreich, um 1270) Codex Vindobonensis 2554

Die ganze Erde fügt sich in unserem planetarischen System und dieses wiederum in die kosmische Lebenskraft. Alles ist durchflutet mit göttlichem Leben. So wird auch der Anfang der Menschheit in den Heiligen Büchern, wie der Bibel, in einer allegorischen Sprache beschrieben. Es sind die metaphorischen Bilder, Symbole und Mythen, die der Mensch mit Herz und Verstand erkennen und die er auch in seinem Leben anwenden kann.

Im Unterschied zu den Tieren, bekam der Mensch bei der Erschaffung den göttlichen Funken:

Dann sprach Gott: Lasst uns Menschen machen als unser Abbild, uns ähnlich. Sie sollen herrschen über die Fische des Meeres, über die Vögel des Himmels, über das Vieh, über die ganze Erde und über alle Kriechtiere auf dem Land. *Gen 1,26*

Gott, der Allwissende und Allgütige, erschuf alle Dinge gut und dem Menschen, als das Größte und Letzte, gab er volle Macht über alles. Der Mensch sah damals nur das Gute und alles war gut. Er war im Paradies, alles war eins. Dann erschuf der Mensch durch sein Denken die Gottesferne und das Böse entstand. Die Dualität kam in die Welt durch die Macht und den Willen des Menschen. Nur Gutes wäre jemals ausgedrückt worden und wir alle wären vollkommen, hätten sich die Menschen nicht abgewandt. Gott sieht uns in der ursprünglichen Vollkommenheit schon heute, denn Vergangenheit, Gegenwart und Zukunft sind eins. Erwartet Gott nicht von uns, dass wir unsere Macht wieder zum Wohle des Ganzen einsetzen, wie es uns Jesus, sein geliebter Sohn und Erstgeborener, vorgelebt hat? Jesus verließ sich nicht auf seine eigene Willenskraft, er nannte Gott seinen Vater, der nicht irgendwo ist, sondern in ihm:

Jesus antwortete: Schon so lange bin ich bei euch und du hast mich nicht erkannt, Philippus? Wer mich gesehen hat, hat den Vater gesehen. Wie kannst du sagen: Zeig uns den Vater? Glaubst du nicht, dass ich im Vater bin und dass der Vater in mir ist? Die Worte, die ich zu euch sage, habe ich nicht aus mir selbst. Der Vater, der in mir bleibt, vollbringt seine Werke. *Joh 14,9f*

Schon vor Erschaffung der Welt war der Mensch!

Ein wunderbares Geheimnis offenbart uns Jesus:

Vater, ich will, dass alle, die du mir gegeben hast, dort bei mir sind, wo ich bin. Sie sollen nämlich meine Herrlichkeit sehen können, die du mir gegeben hast, weil du mich liebtest - schon vor Erschaffung der Welt.
Joh 17,24

Glaube als Wissen öffnet die Tore des Herzens und der Weg ist voll Freude und Friede. Das wussten und wissen die Weisen der Welt. Die Materie diente immer nur dem Menschen, um sie mit Dankbarkeit anzunehmen und das Empfangene wieder weiter zu geben. Ein ständiges Nehmen und Geben gehört zu den Grundprinzipien der Welt. Viele heilige Menschen zeugen, dass durch die Überwindung der Dualität bzw. das Anheben des Bewusstseins auf das eigentliche Ziel, das Einssein mit Gott von allen Menschen erreicht werden kann. Wir können und dürfen in Frieden und Freude als Gottes geliebte Kinder leben:

Aus der Quelle des Lichtes im Denken Gottes
strömt unaufhörlich Licht aus
ins Menschendenken.

Die unversiegbare Quelle der Liebe
strömt aus dem Herzen Gottes und
alle Menschen sind eins mit Ihm,
gottgleich strahlend und voll Liebe.

Die Erde ist des Menschen Paradies.
Sein ist jedes Attribut des Vaters,
der Quelle, des Prinzips.
Alles ist ihm möglich.
Gottes Schöpfung ist ewig und
für die ganze Menschheit,
es ist dies das absolute Gesetz.

Der Mensch mit seinem freien Willen
konnte wählen.
Er erschuf die Dunkelheit und
der Schleier des Vergessens senkte sich
zwischen ihm und der göttlichen Quelle.

Aber alles was nicht im Einklang mit
dem absoluten Wahrheitsgesetz
im menschlichen Bewusstsein ist,
verschwindet von selbst.
Es ist das Gesetz der Realität.
Denken, Sprechen und Handeln
muss die Menschheit mit dem
göttlichen Gesetz übereinstimmen.

Zur Zeit der Morgenröte
wurde Er geboren und
war Eins mit der Quelle.
Welch ein Jubel, welch ein Segen,
der Christus Gottes war da.
Er öffnete den Menschen
das Tor und all jene,
die nach seiner Botschaft leben,
treten ein in Licht und Liebe gehüllt.

Viele Menschen klammerten
sich weiter noch an Glaubenssätzen und
technischen Errungenschaften und
hoben sie zu ihrem Idol, bis heute.
Diese müssen ihren Weg weiter gehen,
bis sich Glaubenssätze und Erfahrungen
von selbst erschöpfen und
sie nicht mehr weiter können.
Krankheit, Schmerz und Verlust
lassen das Menschliche still werden,
bis die Menschheit die Wahrheit
über sich selbst erkennt,
dass es für sie mehr gibt als bloß
den Kreislauf der weltlichen Erfahrungen.

Das Tor steht weit offen für alle,
die furchtlos dem göttlichen Gesetz folgen
in Wahrheit und Vollkommenheit.
Der Mensch, der seinen Weg
in Harmonie und wahren Einklang
mit der ganzen Schöpfung lebt, kann eintreten.

Fürchtet Euch nicht, habt keine Angst.
Es ist ein wunderbarer göttlicher Plan.
Wir alle sind Töchter und Söhne Gottes.

Geben wir einfach das Allerbeste
und wir erleben, wie sich alles
in Vollkommenheit entfaltet.

Franziska H. Kuba

3.2. Mysterium Leben: Zellgedächtnis, Zellerneuerung, Resonanzgesetz

"Gegenwart ist die Zeit, in der wir leben, und von allem das Wichtigste ist, was wir mit unserem gegenwärtigen Selbst tun. Denn das, was war, wird vom gegenwärtigen Selbst in die Zukunft gebracht; und was wir jetzt tun, ist entscheidend für morgen. Wenn Morgen Jetzt ist, wird Heute Gestern sein. Wenn wir am Schema unseres Gefühlsverhaltens nichts ändern, wird Morgen wie Gestern sein in nahezu allem, mit

Ausnahme des Datums. Die Vergangenheit ist Geschichte, das Künftige nur Vermutung; das Heute und Jetzt macht beide zu dem, was sie sind."
Moshé Feldenkrais [3]

Mysterium Leben

Mit dem rationalen Verstand kann das Geheimnis des Lebens nur ansatzweise ergründet werden. Theologen, Philosophen, Mediziner, Biologen versuchen, seit Jahrtausenden Licht in das Mysterium des Lebens zu werfen. Der Verstand ist für vieles sehr nützlich, aber die wirklich großen Geheimnisse kann er nicht entschleiern. Eine reduktionistische Wissenschaft kann dem Mysterium des Lebens nicht gerecht werden, sagt der Mediziner Dr. Chopra. Denn unzählige Faktoren können nicht eindeutig bestimmt werden, wie freier Wille, Kreativität, Erinnerung, Intuition. Wo sind die Berührungspunkte zwischen Wissenschaft und Glaube? Wo ist die Spiritualität des einzelnen Menschen beheimatet, innerhalb seines Körpers oder außerhalb?

Nach der traditionellen „alten" Physik von Isaac Newton und seinen Kollegen funktioniert unsere materielle Welt seit dem 17. Jh. im Rahmen fester Gesetze. Diese reichen vom Fallen eines Apfels bis hin zu den Bewegungen der Galaxien im Universum. Vereinfacht ausgedrückt, ist die Welt ein großes mechanisches System, das durch Bewegungsgesetze bestimmt wird. Die Newtonsche Sicht der Physik war so erfolgreich, dass sie bis heute noch bei vielen Menschen präsent ist. Unverständlich, denn das Leben entwickelte sich weiter, und so wie wir nicht mehr glauben, dass die Erde eine Scheibe ist und nur Pferde und Schiffe zur schnelleren Fortbewegung notwendig sind, so ist auch inzwischen nicht nur durch die Quantenphysik bewiesen, dass die gesamte sichtbare Materie nur ein kleiner Prozentsatz des Universums ist. Wie im Großen so auch im Kleinsten beinhaltet der sogenannte „leere Raum" noch ungeahnte Forschungsgebiete.

Die Atome sind nicht feststoffliche Objekte, sondern kleine Solarsysteme, in denen Elektronen einen Kern umkreisen, wie die Planeten ihre Runden um die Sonne. Es besteht fast nur aus „leerem Raum" und so ist virtuell betrachtet unser ganzes Universum keine Masse. Faszinierend ist der Vergleich:

Um die Dichte des Atomkerns (das Verhältnis von Kernmasse zu Kernvolumen) zu erreichen, müsste man beispielsweise den Eiffelturm auf die Größe eines Sandkorns zusammendrücken. *Wikipedia* [4]

Es scheint fast so, als wäre ein Großteil des Universums unsichtbar und ein Großteil des eigentlichen Geschehens im Universum sich dort verbirgt, wo man nichts sieht – wo scheinbar nichts ist.

„Hier mein Geheimnis." sagte der Fuchs,
„Es ist ganz einfach: Man sieht nur mit dem Herzen gut.
Das Wesentliche ist für die Augen unsichtbar."
„Das Wesentliche ist für die Augen unsichtbar",
wiederholte der kleine Prinz, um es sich zu merken.
Antoine de Saint-Exupéry, Der kleine Prinz

Der leere Raum

Inspiriert von diesem leeren Raum, der leer und voll zugleich ist und der in der Allianz mit etwas Größerem, noch nicht Erreichtem steht, sei der Frieden zu finden, sagt Anselm Kiefer in seiner Rede zum Friedenspreis des Deutschen Buchhandels:

„Ich bin aufgewachsen in einem kleinen Dorf in der Provinz,
ohne Fernseher, ohne Internet, ohne Kino oder Theater
- in einem wunderbaren, leeren Raum. Langeweile.
In diesen leeren Raum fielen die Worte,
die noch nicht verbrauchten Sätze der Dichter und Philosophen.
In diesen leeren Raum fielen die Stimmen
wie die Tropfen in einer Tropfsteinhöhle,
bildeten die Stalaktiten, aus denen ich heute bestehe.
Niemand schafft allein, und schon gar nicht ex nihilo.
Das Werk entsteht am Schnittpunkt verschiedener Linien".
Anselm Kiefer [5]

Der leere Raum beinhaltet nicht nur ungeahnte Möglichkeiten, sondern es werden jene Forscher, die das Unerklärbare teilweise mit einfachen Darstellungen erklärbar bzw. erfassbar machen, meist in die „pseudowissenschaftliche" Ecke gedrängt, siehe am Beispiel des weltbekannten Mediziners und Autors Deepak Chopra (Wikipedia [6]). Er spezialisierte sich in den 70er Jahren auf die Erforschung von Gehirnzellen und neurologischen Prozessen, die mit Emotionen zusammenhängen, und leistete Pionierarbeit. Sein medizinisches Verständnis ist stark beeinflusst durch seine Religion, den Hinduismus und im Besonderen von den Veden und der Bhagavad-Gita. In jeder Religion gibt es ewig gültige Wahrheiten und das einzige Kriterium das zählt, ist die Forschung zum Wohle des Menschen (siehe Kap. 6.3.4. Medizin und Spontanheilungen) und seiner Umwelt. An der Medizinischen Hochschule der University of California, San Diego hat Deepak Chopra eine volle, aber unbezahlte Professur inne. Sein Forschungsgebiet ist die Einflussnahme auf die menschliche Gesundheit von Meditation, Yoga und Nahrung. Über den weltbekannten Mediziner und Autor Deepak Chopra berichtet Christian Salvesen [7]:

Chopra: „Wenn Du über die Partikel hinaus gehst, kommst Du auf das Nichts, auf die Leere. Was ist dieses Nichts, aus dem wir alle herkommen? Ist das vielleicht der Raum der Kreativität – wo eine Galaxie, unser Körper oder ein Gedanke entstehen? Was ist ein Gedanke? Wo kommt er her? Wohin verschwindet er?"

Geist und Kartoffelsuppe: Deepak Chopra spricht eine Frau im Publikum an: „Was war dein Abendessen heute? ... Kartoffelsuppe. Okay. Du hattest nun gerade eine Erinnerung, hast die Suppe im Geiste gesehen, vielleicht sogar gerochen. Doch wo war diese Erfahrung / Erinnerung 10 Sekunden zuvor? Nirgendwo? Wie konnte sie so einfach aus dem Nichts auftauchen? Immer wieder fragen sich die Menschen seit Jahrtausenden: Wo gehen wir hin, wenn wir sterben? Meine Antwort: Dorthin, wo die Kartoffelsuppe hergekommen und verschwunden ist."

Das Entstehen dieser Welt ist nichts Anderes als die Manifestation von Gedanken.
Deepak Chopra

Die große Leere [8] nach Deepak Chopra hat seltsame Eigenschaften:

1. Diskontinuität. Im Abstand zwischen zwei Ereignissen in Raum und Zeit gibt es keine Ereignisse (Haps), keine Energie, keine Zeit, keinen Raum. Es ist ein Feld von unendlichen Möglichkeiten und von reiner Potentialität.
2. Ein Feld unendlicher Korrelation. Alles steht mit allem anderen sofort in Verbindung. Unser Körper ist linear und vertikal strukturiert. Er umfasst mehr Zellen, als es Sterne im Universum gibt. In jeder Zelle finden pro Sekunde 100.000 Aktivitäten statt. Jede Zelle „weiß" zugleich, was in jeder anderen stattfindet. Die neue Quantenbiologie untersucht diese Phänomene.
3. Quantenunbestimmtheit, die von Werner Heisenberg in Deutschland entdeckt wurde. Der Beobachter verändert das Beobachtete. Wir wirken durch Achtsamkeit auf alles, was geschieht.
4. Feld der Kreativität. Hieraus entstehen alle Ideen und Formen, und zwar nicht durch Kausalität, sondern durch Sprunghaftigkeit, Diskontinuität.
5. Das Feld der Intentionalität. Die Absicht wirkt geistig, zum Beispiel im geistigen Heilen und in vielen mittlerweile wissenschaftlich untersuchten Bereichen.

Zellgedächtnis

Die Zelle ist als Grundbaustein jeglichen Lebens nur wenige Mikrometer (μm) groß und leistet trotzdem als biologische Organisationseinheit Großartiges. Nach den Forschungsergebnissen von Deepak Chopra bei der Erforschung von Gehirnzellen und neurologischen Prozessen, die mit Emotionen zusammenhängen, spricht man seitdem von den „Molekülen der Emotionen". Neurologische Kommunikation. Seratonin, Dopamin, Morphine – es sind mittlerweile über 100 Neurotransmitter bekannt, die unsere Hormone und damit unsere Gefühle steuern. Und nicht nur im Gehirn, sondern in allen Körperzellen – im Herz, in den Lungen, im Darm usw. – gibt es Rezeptoren für diese Moleküle. Die Verbindung zwischen geistig-seelischen Vorgängen und bestimmten Prozessen im Körper und Gehirn wurde immer offensichtlicher. Die Zellen des Immunsystems haben Erinnerung. Ebenso die Zellen im Herzen. Wenn jemand von einem gebrochenen oder hüpfenden Herzen redet, dann entspricht das neurologischen Prozessen im Herzen. Hier findet offensichtlich Kommunikation statt. Ist es das, was unseren Verstand ausmacht? Lässt uns das ständig Selbstgespräche führen? Was und wo ist überhaupt unser Verstand? Ist er im Körper, im Universum, jenseits von Raum und Zeit? Die Verbindung zwischen geistig-seelischen Vorgängen und bestimmten Prozessen im Körper und Gehirn wurde immer offensichtlicher. [9]

Das Zellgedächtnis ist keine fixe Größe,
sondern immer, worauf immer wir unsere Aufmerksamkeit richten,
wird gedeihen und Wirklichkeit werden.

Unser Leben ist ein ständiges Verändern, ein Prozess und wir haben die Möglichkeit, unser Zellgedächtnis neu zu programmieren. Wenn unsere Gedanken ebenfalls Materie bzw. Energie sind, ziehen wir mit unserer Aufmerksamkeit entweder positive oder negative Energie in die Zellen. Denn die Ursache unserer Probleme liegt beinahe immer in uns und möchte entdeckt und geheilt werden. Oft liegen die Wurzeln oder das Grundübel viele Leben zurück, und Krankheiten werden weiter durch negative Gedanken und Worte fixiert. Hilfreich sind u.a. Gebete und Ablösungs- und Befreiungsrituale, die den Fokus auf das Positive richten (siehe auch Kap. 6.4.8. Anton Styger).

Zellerneuerung [10]

Jonas Frisén vom Karolinska-Institut machte 2005 von sich reden, als er die komplette Austauschzeit der verschiedenen Körperteilen des menschlichen Körpers errechnete: Der Rhythmus ist verschieden. Nach ca. zwei Jahren ist die Leber komplett neu, nach zehn unser Skelett. Ausgerechnet unser Herz muss eine Leben lang mit der Mehrzahl derselben Zellen auskommen – maximal 40 Prozent erneuern sich. Für den Dünndarm kam Frisén auf 16 Jahre und für die Rippenmuskulatur auf 15 Jahre für die Runderneuerung. Viel schneller sind Lungenbläschen (acht Tage), die Magenschleim-haut (eine Woche) oder rote Blutkörperchen (vier Monate). Das Herz schlägt ein Leben lang fast unverändert. Organe, Knochen, Haut – fast alle Körperzellen „wachsen nach", wenn alte Zellen sterben.
Dennoch: Körperzellen erneuern sich, und nach allem, was heute bekannt ist, hat der Mensch tatsächlich alle sieben bis zehn Jahre einen fast neuen Körper. Dabei erneuern sich manche Zellen, etwa die der Haut, innerhalb von Tagen, andere bleiben ein Leben lang in ihrem Urzustand, etwa die Zellen des zentralen Nervensystems.
Jonas Frisén sagt zur unterschiedlich schnellen Erneuerung von Zellen: „Manches Gewebe wird mechanisch stark beansprucht, etwa die Schleimhaut in Magen und Darm. Viele Zellen gehen verloren und müssen schnell ersetzt werden."

20

Andere Zellen, etwa im Gehirn, müssten lang halten, weil sie dauerhafte Informationen speichern. „Es wäre nicht hilfreich, wenn unsere Zellen fürs Gedächtnis ständig mit neuen, leeren Zellen ersetzt würden."

Sie sind jünger als sie glauben [11], denn die Zellerneuerung ist ein fließender Prozess. Die Erneuerung läuft unbemerkt, da sich nicht alle Zellen gleichzeitig oder auch gleich schnell austauschen. Lebensstil und Krankheiten verändern und verzögern die Zellerneuerung. Mit den Jahren verlangsamt sich der Prozess, und es sterben mehr Zellen ab als neue nachwachsen. Am Beispiel Knochen: Jedes Jahr tragen Osteoklasten acht bis zehn Prozent altes Knochengewebe ab, Osteoblasten bauen es wieder auf. Alle zehn Jahre haben wir dadurch ein neues Skelett. Zumindest bis der Hormonabfall in der Lebensmitte den Aufbau stark abbremst. Wenn im Artikel von der Focus-Online-Autorin Petra Apfel [12] bemerkt wird, dass wir statt junger Knochen Osteoporose bekommen, wird die Berichterstattung hier überspannt. Wehren würden sich viele ältere Menschen, die keine Osteoporose haben, und deren Zellerneuerung durch ihr bewusstes Leben noch gut funktioniert. Aber auch sich schnell erneuernde Zellen geben irgendwann auf, wenn die Einstellung und der Lebenswandel des Menschen sich von seiner wahren Natur zu sehr entfernt hat. Wenn unser Entgiftungsorgan (die Leber) sich in nur 300 bis 500 Tagen einmal komplett erneuert, so verzögert sich die Erneuerung oder fällt die Regeneration aus, etwa durch viel Alkohol, Medikamente oder Drogen.

Erwähnenswert ist auch Rudolf Steiner, der schon vor 100 Jahren über die „stoffliche Erneuerung des physischen Leibes in Siebenjahresperioden" [13] schrieb. Er entwickelte den „Sieben-Jahres-Rhythmus" als Teil seines anthroposophischen Weltbildes. Dabei kam es ihm in erster Linie auf die Entwicklung der „Wesensglieder" eines Menschen an, also Persönlichkeit, Charakter, Psyche. Während der Siebenjahresperioden findet auch eine weitgehende stoffliche Erneuerung des physischen Leibes statt.

Zellwissen und Resonanzgesetz

„Der einzelne Energiestrahl eines Gedankens ist weniger machtvoll als das tiefsitzende Zellwissen, das von jeder Zelle, jeder Faser unseres Wesens ausstrahlt und die Energiemuster in unserer Umgebung elektromagnetisch umwandelt. Viele Verhaltensmuster entspringen diesem Zellwissen. Der ganze Körper schwingt auf einer Frequenz, einer Resonanz, die Aussage macht, worauf das Universum antwortet." *Jasmuheen* [14]

Was früher angezweifelt und in die spirituelle und esoterische Ecke gestellt wurde, ist heute schon vielfach erforscht und bewiesen, so auch das Resonanzgesetz. Letztendlich bleiben aber immer noch viele unerforschte Gebiete bis auf Weiteres offen, wie der Mensch in seiner Gesamtheit Körper, Seele und Geist, das Weltall und das Atom. Die Wissenschaft als Forschung hat immer Berechtigung, und es ist ihre Aufgabe, immer wieder alles in Frage zu stellen. Ein einziges Ergebnis kann das mühsam errichtete wissenschaftliche Gebäude zum Einsturz bringen bzw. es ist an der Zeit, neu Entdecktes zu erforschen. Sollte der Flügelschlag eines Schmetterlings schon Veränderung bringen, um wie viel mehr noch Gedanken, Worte und menschliches Verhalten.

Es ist uns meist bewusst, dass positives Denken eine gute Idee ist, aber viel zu viele negative Gedanken schwirren oft durch den Kopf des Menschen, und sind hinderlich, sich frei und ungezwungen dem Leben und der Freude hinzugeben. Anscheinend denkt der durchschnittliche Mensch ca. 50.000 Gedanken pro Tag, die ihn bewusst oder unbewusst beeinflussen. Ist sich der Mensch seiner ihm innewohnenden Schöpferkraft bewusst, die ein lebenslanges Lernen beinhaltet, dann ist es ihm möglich, mit göttlicher Hilfe zu kreieren. Diesem schöpferischen Tun unterliegen keinerlei Beschränkungen, wichtige Kriterien sind Freude, Anmut, Leichtigkeit, Frieden, Gesundheit u.a. Viele der großen Meister wurden auf diese Weise auch vom Ess- oder Schlafbedürfnis enthoben und sind frei von Leiderfahrungen.

Stille, Meditation und Naturerfahrung machen uns wieder die Kostbarkeit des eigenen Lebens bewusst. Sie sind geeignete Mittel, um sich wieder mit der universellen Liebe zu verbinden, um in Freude und Dankbarkeit auf unserer wunderbaren Erde zu leben.
Die Bereitschaft, die eigenen und übernommenen Vorstellungen und das Denken zu verändern und das Neue willkommen zu heißen, fällt einigen Menschen eher leicht, andere aber haben damit große Schwierigkeiten. Das Sprichwort „Es ist noch kein Meister vom Himmel gefallen" dürfte auch hier zutreffen.

„Vertraue und glaube, es hilft und heilt die göttliche Kraft", ermutigte Bruno Gröning die Menschen, und Lahme standen auf und Blinde wurden geheilt, damals wie heute (siehe Kap. 6.4.3. Bruno Gröning). Der menschliche Körper ist wohl das größte göttliche Geschenk, das wir in unserem Erdenleben bekommen haben. Es gibt auf unserer Erde nichts annähernd Komplexeres und Wunderbareres. Es ist die Dreiheit von Körper, Seele und Geist, das uns zur Krone der Schöpfung macht. Freuen wir uns, wir alle sind Gottes Kinder und haben die Macht, vieles zu überwinden, was uns hindert gesund und glücklich zu sein.

22

3.3. Das Bewusstsein in der Wissenschaft und Religion

Wir haben die Kraft, Realität zu erschaffen.
Warum Grenzen aufbauen,
wenn das Grenzenlose so nahe ist?
Deepak Chopra

Deepak Chopra: „Ihr seid Präsenz. Versucht einmal, eure Aufmerksamkeit auf das zu richten, was da gerade zuhört bzw. diese Zeilen liest. Und wenn ihr eine Präsenz spürt, das seid ihr. Nicht euer Verstand, der immer kommentiert. Das Geplapper ändert sich ständig, wie der Körper. Doch wo findet es statt? Im Bewusstsein. Diese Präsenz ist das einzige, was wirklich ist. Alles andere kommt und geht in Raum und Zeit. Diese Präsenz ist noch vor Raum und Zeit. Auch Geburt und Tod sind Ereignisse in Raum und Zeit. Die Erkenntnis, vor Raum und Zeit, vor jeglicher Vorstellung zu sein, hat enorme praktische Konsequenzen. Wäret ihr in der Gewissheit, dass ihr das Feld unbegrenzter Möglichkeiten seid, dass ihr intuitiv wisst, was zu wissen lohnt, dass ihr die Unsicherheit, die unbegrenzte Kreativität und Kraft der Intention annehmen und nutzen könnt, was braucht ihr mehr?" [15]

Immaterielles System des Bewusstseins [16]

Hirnforscher Roth argumentiert, obwohl Bewusstsein ein Produkt kommunizierender Nervenzellen ist, ist es nicht mit dieser Aktivität identisch. Synchron feuernde Neuronen erzeugen in der Hirnrinde elektromagnetische Felder und diese wiederum „mentale" Felder. Geist und Bewusstsein lassen sich „als ein immaterielles System verstehen, das aus ‚mentalen Feldern' aufgebaut ist". Sie erschaffen eine virtuelle Gesamtwelt, die aus der Wahrnehmung der Umwelt, unseres Körpers und des Geistes besteht, vermutet Roth. Bewusstsein kann man nicht auf Prozesse in der Hirnrinde reduzieren. Elektromagnetische Felder in der Hirnrinde sind zwar erforderlich, um Bewusstsein zu erzeugen, dieses geht aber über sie hinaus. Roth spricht von „Emergenz", also dem Herausbilden neuartiger Eigenschaften. Bewusstsein ist ein Produkt des Gehirns. Aber es ist nicht auf Prozesse in der Hirnrinde reduzierbar, auch wenn es von diesen hervorgebracht wird. Daraus folgt für Roth, dass der Geist zumindest teilweise autonom ist.

Bewusstseinszustand und Heilung der Gefühle und Gedanken

Prof. Schneider schrieb zum Thema des zur Heilung notwendigen Bewusstseinszustandes bei den Begegnungen mit Braco's Blick [17] (Siehe auch Kap. 6.4.2. Braco):

Unser Bewusstseinszustand ist nie konstant. Er ist jeweils anders, wenn wir einen brutalen Film im Fernsehen anschauen, Negativmeldungen in der Presse lesen, wütend sind oder die Harmonie unberührter Natur erleben, Freude erleben, verliebt sind etc.

„Wie kommen wir aber in jenes Bewusstsein, das einen aufnahmefähigen Zustand in den Begegnungen mit Braco's Blick ermöglicht? Wir haben diesen Zustand schon im Alltag erlebt, zwar nicht sehr oft und meist nur kurz. Es sind jene gewaltigen Gefühle, die das gewohnte Erleben in meist unbegreiflicher Weise übersteigen. Wir haben sie beim Anblick überwältigender Schönheit, in Situationen des Verliebtseins, aber eben auch dann, wenn wir vor Braco stehen. Dort äußern sie sich oft in einem unbekannten Glücksgefühl, einem verklärten Lächeln. Wärme, Entspannung, auch in Zittern, Tränen oder Ausfall von Sinneserfahrungen. Viele Menschen sehen Braco durch einen Schleier. Um diesen Zustand zu verstehen, dürfen wir den Menschen nicht in der seine Größe entwürdigenden Art nur als biochemischen Körper, zu Emotionen und Gedanken begabt, sehen.

Die Definition Mensch erschöpft sich nicht in einer isolierten Betrachtungsweise seiner materiellen Beschaffenheit. Sicher ist der Körper ein wichtiger Teil, den man in allen Belangen nicht vernachlässigen soll. Aber die Emotionen und Gedanken sind nur zum Teil Körperfunktionen. Sie sind auch Ausdruck einer sinnlich nicht erfassbaren Ebene. Das, was uns zum Menschen macht, die Quelle für die Inspirationen, die Gefühle und Gedanken, die Belebung des physischen Körpers, liegt noch tiefer versteckt. Man kann lediglich erfahren, dass sie da ist und sie als reines Bewusstsein, Höheres Selbst, Atman, usw. bezeichnen. Als Körper sind wir Menschen von einander getrennt und auch größtenteils im psychischen Bereich einsam. Bereits im kollektiven Unbewussten (C. G. Jung) sind wir aber miteinander verbunden, dann aber eins im Höheren Selbst, dieser gewaltigen einen Quelle des Seins." *Prof. Alex Schneider* [18]

Je näher der Mensch in seinem Bewusstsein dem großen heilenden Strahle kommt, umso mehr wird Streit und Disharmonie verschwinden. *Baird T. Spalding*

Bewusstsein in den Religionen

In den Religionen wird der Mensch in seiner Gesamtheit als Körper, Seele und Geist gesehen. Erschaffen aus dem Geist Gottes, sind Seele und Geist unsterblich. Das sind die grundlegenden Lehren des Christentums, Judentums und Islams. Das menschliche Bewusstsein wird nie allein als Produkt der Natur oder Evolution, sondern ausschließlich im Zusammenhang mit einer transpersonalen oder transzendenten Geistigkeit verstanden und erklärt. Diese göttliche Geistigkeit ist es, die alles natürlich Belebte, so auch das Bewusstsein, „lebendig macht" bzw. „beseelt", d. h. zur menschlichen Ich-Wahrnehmung befähigt.

24

> „Nichts Freieres gibt es auf Erden
> als unseren menschlichen Geist;
> soll ich ihn zügeln, wenn selbst Gott
> ihn nicht in die Schranken weist."
>
> *Sor Juana Inés de la Cruz*

Im Tanach (Judentum) heißt es, die „rûah" (hebräisches Wort für Geist oder synonym auch im Zusammenhang mit „næfæsch", Seele, gebraucht) haucht dem Geschöpf Leben ein. Sie ist es, welche die Lebensfunktionen geistiger, willensmäßiger und religiöser Art ausübt.

Auch im Neuen Testament (Christentum) steht, dass der Leib erst durch den Geist Gottes zum eigentlichen Leben kommt:
„Der Geist (Gottes) ist es, der lebendig macht; das Fleisch nützt nichts" *Joh 6,63*
Bei Paulus war die Unterscheidung zwischen dem Reich des Geistes (ewiges Ich) und dem Reich des Fleisches (sterbliche Natur) zentral.

Sinngleiches findet sich auch im Koran, wo es z.B. heißt, dass Gott Adam von seinem Geist (vgl. arabisches Wort *rūh / rūḥ*) einblies und ihn auf diese Weise lebendig machte (Sure 15:29; 32:9; 38:72). Einige muslimische Theologen haben die Ideen des basrischen Mu'taziliten an-Nazzām (st. 835–845) wiederbelebt: Der Geist wird als Gestalt bzw. Wesen dargestellt, das sich wie ein Gas mit dem Leib vermischt und ihn bis in die Fingerspitzen durchdringt, sich beim Tode aber wieder aus dieser Verbindung löst und selbständig (vgl. „ewiges Ich") weiterexistiert. [19]

In der christlichen Lehre hat der Geist im Menschen Einfluss auf unser Bewusstsein. Der Mensch kann dadurch den übergeordneten Zweck seines Lebens im gesamten Plan Gottes für die Menschheit erahnen.

Wir aber haben nicht empfangen den Geist der Welt, sondern den Geist aus Gott, dass wir wissen können, was uns von Gott geschenkt ist. *Röm 8,9*

Das kostbare geistliche Wissen unseres Schöpfers kann uns nicht bewusst werden, es sei denn, es wird uns durch seinen heiligen Geist offenbart:

Davon reden wir auch, nicht mit Worten, wie menschliche Weisheit sie lehrt, sondern wie der Geist sie lehrt, indem wir den Geisterfüllten das Wirken des Geistes deuten. *1 Kor 2,13*

Warum gibt es so viele Atheisten, Agnostiker und Zweifler, die Gott und seinen Zweck und Plan für die menschliche Existenz nicht kennen? Auf diese Frage antwortet Paulus:

**Der irdisch gesinnte Mensch aber lässt sich nicht auf das ein,
was vom Geist Gottes kommt.
Torheit ist es für ihn, und er kann es nicht verstehen,
weil es nur mit Hilfe des Geistes beurteilt werden kann.** *1 Kor 2,14*

Von Weisheit reden wir aber unter den Vollkommenen; doch nicht von einer Weisheit dieser Welt, auch nicht der Herrscher dieser Welt, die vergehen. Sondern wir reden von der Weisheit Gottes, die im Geheimnis verborgen ist, die Gott vorherbestimmt hat vor aller Zeit zu unserer Herrlichkeit, die keiner von den Herrschern dieser Welt erkannt hat; denn wenn sie die erkannt hätten, hätten sie den Herrn der Herrlichkeit nicht gekreuzigt. Sondern wir reden, wie geschrieben steht: *1 Kor 2,6-8* (Lutherbibel)

**Was kein Auge gesehen hat und kein Ohr gehört hat
und in keines Menschen Herz gekommen ist,
was Gott bereitet hat denen, die ihn lieben.** *Jesaja 64,3*

Bewusstsein im Buddhismus und Hinduismus [20]

In verschiedenen buddhistischen Traditionen und hinduistischen Yoga-Schulen steht die direkte und ganzheitliche Erfahrung des Bewusstseins im Mittelpunkt. Ziel ist es, mit Hilfe der Meditation oder anderer Übungstechniken bestimmte Bewusstseinszustände zu erfahren, um personale und soziale Identifikationen abzubauen. Eine besondere Unterscheidung wird hier zur Bewusstheit getroffen, die ein volles Gewahrsein (awareness) des momentanen Denkens und Fühlens bedeutet. Sie soll erreicht werden durch die Übung der Achtsamkeit. Einsichten in die „Natur" des Bewusstseins sollen so über eine eigene Erfahrung gewonnen werden, die über einen rein reflektierten und beschreibenden Zugang hinausgehe. Das Konzept der Trennung von Körper und Geist oder Gehirn und Bewusstsein wird als eine Konstruktion des Denkens erfahren.

Bewusstsein bei Rudolf Steiner [21]

Als Wesensglieder werden in der Anthroposophie und Theosophie alle eigenständig erscheinenden Glieder bezeichnet, die das Wesen des Menschen aufbauen. Dieses erschöpft sich nicht in dem sinnlich sichtbaren stofflichen Leib, sondern verfügt noch über höhere, nur übersinnlich erfahrbare leibliche, seelische und geistige Wesensglieder. Was so als Vielheit erscheint, bildet aber für die höhere Erkenntnis eine Einheit. „Dass in höherer Wirklichkeit eine Einheit ist, was sich für die menschliche Erfahrung als Vielheit von sieben Gliedern auseinanderlegt, das bleibt dadurch unangefochten. Aber gerade dazu ist die höhere Erkenntnis da: Die Einheit in allem aufzuzeigen, was dem Menschen wegen seiner körperlichen und geistigen Organisation im unmittelbaren Erleben als Vielheit erscheint." *Rudolf Steiner* [22]

Die Anordnung in verschiedenen Feldern des Bewusstseins

Im großen Themenkomplex um das menschliche Bewusstsein und die Bewusstseins-erweiterung kann die Anordnung von Jasmuheen [23] in verschiedenen Feldern hilfreich sein: Im Beta-Feld herrschen Chaos, Armut, Gewalt, Ungerechtigkeiten, Streit, ua. Wenn der Mensch sich entscheidet, kann er jederzeit aus dem Beta-Feld in andere Felder durch eine veränderte Lebensführung wechseln, z.B. mit Meditation, Stille, u.a. Das Alpha-Feld verschafft uns Zeiten der Entspannung und lässt uns gleichzeitig Ungleichgewichte unseres Lebens erkennen und ausgleichen. Im Theta-Feld erweitert sich unser Bewusst-sein weiter, es ist das Reich des unendlichen schöpferischen Potenzials, Feld der Gnade und Liebe. In den Delta-Feldern befindet sich das Paradies, der biblische Garten Eden.

Das Ziel der meisten spirituellen Richtungen, einschließlich der Religionen, ist es den Menschen zu positiveren Bewusstseinsveränderungen zu verhelfen. Durch das ver-mehrte Einfließen spiritueller Energie verändert sich spürbar das gesamte menschliche Leben und seine Umwelt. Wissenschaftliche Forschungen mit bildgebenden Verfahren zeigen ebenfalls auf, dass durch langjährige Meditationspraxis ungewöhnliche neurona-le Aktivitätsmuster und sogar neuroanatomische Veränderungen entstehen können. Als Folge davon werden Verhaltensweisen, Emotionen und Gedankenmuster zunehmend gutartiger. Dr. David R. Hawkins [24] zeigte dies in einer umfassenden Studie auf, dass Stress / Adrenalin, Kampf oder Flucht sich in Frieden / Endorphine und positiven Emo-tionen umwandeln, so wie auch Heilungserfolge von Krankheiten sich einstellen.

Der Mensch entscheidet selbst, wie er durchs Leben geht, ob er alles Chaos der Welt mit seinen täglichen Nachrichten aufnimmt, Krankheiten als gegeben hinnimmt und mit Schuldzuweisungen lebt. Oder er belastet sich nicht mehr mit negativen Beeinflussun-gen und reinigt sich von unguten Gefühlen, wendet sich der göttlichen Liebe und Weis-heit mit Demut, Hingabe, Geduld und Mitgefühl gegenüber allen Mitmenschen zu.

4. Die Dimensionen des menschlichen Bewusstseins

„Es gibt keinen anderen Weg, als von einer Bewusstseinsebene zur anderen emporzusteigen, immer vorwärts und aufwärts auf den Stufen des kosmischen Pfades. Nur eines ist verboten in den Schwingungen des weiten Kosmos, nämlich jene Art von Denken, die der Menschheit gestattet, sich in einer Idee so zu versteinern, dass sie durch dieses verzweifelte Anklammern an alte Glaubenssätze nicht mehr imstande ist, sich in die erweiterten Gebiete universellen Denkens emporzuschwingen." *Baird T. Spalding* [25]

Weltweit gibt es viele Wissenschaftler in der Forschung, die sich mit den Grenzbereichen von Bewusstsein und Materie beschäftigen. Der Forschergeist treibt sie auch in unseren Breitengraden zu bisher weitgehend unbekannten Gebieten. Zu lange wurde Forschung oft nur mit dem Begriff der Materie verbunden, und Wissenschaftler, die sich mit Grenzfragen beschäftigten, wurden vor gar nicht langer Zeit als häretisch oder unwissenschaftlich abgelehnt. Wenn auch die Zeiten vorbei sind, wie Giordani Bruno auf dem Scheiterhaufen zu landen, so gibt es jetzt viele Denunzierungen im Internet und in der Presse. Hier ist der gesunde Menschenverstand gefordert, aus der riesigen Fülle von Wissensgebieten auszuwählen, die ihn wieder zu seiner eigenen Wirklichkeit und Wahrheit führen, deren wichtigstes Indiz die Freude, der Friede und die Dankbarkeit sind. Ohne Angst, aber mit dem sicheren Wissen, dass schließlich alle Wege zu dem Einen führen, können wir vertrauensvoll weitergehen.

Forschungen im Grenzbereich von Bewusstsein und Materie [26]

Dr. Klaus Volkamer forscht seit drei Jahrzehnten im Grenzbereich von Bewusstsein und Materie. Seine Theorien zur feinstofflichen Erweiterung unseres Weltbildes mit dem Ansatz einer erweiterten Physik zur unbegrenzten Gewinnung freier Energie aus der Feinstofflichkeit [27] tragen maßgeblich zu einem erweiterten Weltbild in den Naturwissenschaften bei. Er vereint in seinem revolutionären Ansatz die beiden großen Richtungen der Physik: die Relativitätstheorie und die Quantenmechanik. Dr. Volkamer kreiert in seinem Wirken eine neue Wissenschaft des Lebens. Er zeigt Wege auf, wie durch die geistige Nutzung dieser Materienfelder (z.B. Meditation oder andere Bewusstseinstechnologien) mit ihren bahnbrechenden Möglichkeiten eine erweiterte Wahrnehmung erreicht werden kann.

Schon Demokrit, Maharishi (Volkamers Guru), Platon, Giordano Bruno, von Reichenbach, Wilhelm Tesla, Reich, Schauberger, Laszlo, Emoto, Sheldrake, Böhm und bis heute Dalai Lama kannten bzw. kennen zwei Sorten von Materie: Erstens die sichtbare Materie, die die universellen Objekte formt, und zweitens eine nicht-sichtbare Materie, die die Basis von Bewusstsein und Emotionen bewirkt. So können auch feinstoffliche Energien - auch Aura genannt - direkt gemessen und sogar gewogen werden können.

Mit der Wirkung und Ausrichtung unseres erweiterten Denkens und Fühlens als Schöpferwesen bestimmen wir unsere Realität, und so erweist sich die alte schamanische Weisheit

„Die Energie folgt der Aufmerksamkeit"

als eine zeitlose Wahrheit. Die Theorie einer „feinstofflichen Masse" entwickelte Dr. Klaus Volkamer daraus. Er liefert mit seinen Forschungen den experimentellen Nachweis dieser immer noch weitgehend unbekannten feinstofflichen Materie. Feinstoffliche Wirkungen können deshalb auch nur feinstofflich erklärt werden. Nach Volkamer hat die Feinstofflichkeit natürlich auch eine Masse und sie hat eine nutzbare Energiequelle $E = m_p \cdot c^2 = 2 \cdot 10^9$ J. [28]

Prof. Alex Schneider beschrieb in seiner Reihe „Die faszinierende Welt von Mythos und Wissenschaft. Braco" [29] das Universum als ein in höheren Dimensionen mit Überlichtgeschwindigkeit vernetztes und miteinander kommunizierendes feinstoffliches Lebewesen mit sehr viel grobstofflichen und damit getrennt erscheinenden Individualstrukturen. Letztendlich entspringt alles aus dieser unsichtbaren, belebten und universell verschränkten Feinstofflichkeit, einer universellen Lebenskraft. Der grobstoffliche Körper bewegt sich durch den Raum und begegnet hier Raumqualitäten, während der feinstoffliche unsterbliche Körper sich durch beide Paralleluniversen bewegt und dort gespeicherten Zeitqualitäten begegnet:

Auf der grobstofflichen Ebene sind wir getrennt,
auf der feinstofflichen Ebene sind wir eins.
Alex Schneider

Wie man die Ebenen des Bewusstseins durchschreitet [30]

David Hawkins hat den Grundsatz der Kinesiologie für seine Forschungen verwendet, dass wir alle miteinander verbunden und dass wir alle Zellen im Körper des Göttlichen sind. David Hawkins verwendete eine Skala der Kalibrierung von 0 – 1000. Er testete mit diesem System menschliche Emotionen tausende von Menschen:
Bei einer Kalibrierung unter 200 leben die Menschen noch mit Stolz, Wut, Angst, Scham, Apathie und Neid. Das sind die Dinge, die Krankheit, Altern und Tod im Körper produzieren. Menschen bei einer Kalibrierung von 200 haben Mut, Integrität und Wahrheit. Bei 540 sind sie mit der bedingungslosen Liebe verbunden und die Erleuchtung zeigt an von 700 – 1000.

Wenn wir bedingungslose Liebe ausstrahlen, ist die Wirkung auf viele Menschen übertragbar, ob daran geglaubt wird oder nicht, das ist unabhängig davon.

Wenn wir leben, dann strahlen wir aus, dann ist es so,
dass wir die Welt nähren mit unserer Gegenwart
oder wir saugen sie aus.
David Hawkins

Informationsübertagungen über den dreidimensionalen Raum hinaus

Der deutsche Physiker **Burkhard Heim** [31] wird sowohl als der deutsche Hawking als auch als zweiter Einstein bezeichnet. Heim gelingt es durch seine einheitliche Feldtheorie die vollständige geometrische Beschreibung aller physikalischen Kräfte und Teilcheneigenschaften, sowie der Vereinigung von Elektromagnetismus und Gravitation. Er hat das geschafft, wonach Einstein und andere vergebens gesucht hatten.

Das daraus entstehende, neue Weltbild des Physikers Burkhard Heim lässt sich wie folgt zusammenfassen: Wir leben in einer 6-dimensionalen Welt und Elementarteilchen sind 6-dimensionale dynamische metrische Strukturen. Quarks sind Teile von deren geometrischen Innenstruktur. Die Weltselektorgleichung enthält keine phänomenologischen Ausdrücke mehr (Einsteins Traumerfüllung!). Erscheinungen / Manifestationen in der realen, materiellen Welt sind das Resultat von dynamischen Prozessen einer mehrdimensionalen, polymetrischen Geometrie.

Durch die Beschäftigung mit dieser Feldtheorie von Walter Dröscher entstand gemeinsam mit Heim sein drittes Buch „Strukturen der physikalischen Welt und ihre nichtmaterielle Seite". Seine Erkenntnis: „Ich habe gelernt, dass die Physik teilweise noch in den Kinderschuhen steckt." [32]

Heim kommt zu der Erkenntnis, dass die Schöpfung trotz ihrer erstmaligen Erschaffung durch „den Schöpfer" eine relative Selbständigkeit besitzt und Gesetzmäßigkeiten gelten, die erforscht werden können.

Christina von Dreien ist ein 19-jähriges Mädchen aus dem schweizerischen Toggenburg. Sie vermittelt eine Klarheit den Menschen über ihren Auftrag:

„Ich bin nicht auf dieser Welt, um Wunder zu vollbringen.
Ich möchte den Frieden und das göttliche Bewusstsein
in jeden einzelnen Menschen zurückbringen.
Dann werden die Menschen erkennen,
dass sie sich selbst heilen können."

Christina von Dreien wurde mit einem stark erweiterten Bewusstsein geboren und gehört zu einer neuen Generation von jungen evolutionären Denkerinnen und Denkern, die das Dasein des Menschen als eine Komplexität von Quantenphysik, Neuropsychologie und Spiritualität erkennen, beschreiben und leben. Sie zeigt einen bemerkenswerten Durchblick im heutigen Weltgeschehen und verblüfft mit ihrer hohen Ethik sowie mit

einer Weisheit und einem inneren Frieden, die eine neue Dimension des Menschseins erahnen lassen. [33]

Der Mathematiker **Hermann Weyl** hat in seinem Buch „Philosophie der Mathematik
und Naturwissenschaft" schon 1927 folgendermaßen beschrieben:
„Der Schauplatz der Wirklichkeit ist nicht ein stehender dreidimensionaler Raum, in
dem die Dinge in zeitlicher Entwicklung begriffen sind, sondern die vierdimensionale
Welt, in welcher Raum und Zeit unlöslich miteinander verwachsen sind. Diese objektive
Welt geschieht nicht, sondern sie ist – schlechthin; ein vierdimensionale Kontinuum,
aber weder Raum noch Zeit. Nur vor dem Blick des in den Weltlinien der Leiber empor
kriechenden Bewusstseins ‚lebt' ein Ausschnitt dieser Welt ‚auf' und zieht an ihm
vorüber als räumliches, in zeitlicher Wandlung begriffenes Bild."

„Alles ist eins", das Getrenntsein gehört der Vergangenheit an, voller Freude, die Zeit
ist da, das Tor hat sich geöffnet und wir haben die göttliche Kraft in uns, mit unserem
menschlichen Bewusstsein in den neuen Dimensionen des goldenen Zeitalters zu leben.
Rainer Maria Rilke in seiner Zukunftsvision ermuntert und bestärkt die Menschen:

Einmal, am Rande des Hains,
steh'n wir einsam beisammen
und sind festlich, wie Flammen
fühlen: Alles ist eins.

Halten uns fest umfasst;
werden im lauschenden Lande
durch die weichen Gewande
wachsen wie Ast an Ast.

Wiegt ein erwachender Hauch
die Dolden des Oleanders:
sieh, wir sind nicht mehr anders,
und wir wiegen uns auch.

Meine Seele spürt,
dass wir am Tore tasten.
Und sie fragt dich im Rasten:
Hast Du mich hergeführt?

Und du lächelst darauf
so herrlich und heiter
und bald wandern wir weiter:
Tore gehn auf.

Und wir sind nicht mehr zag,
unser Weg wird kein Weh sein,
wird eine lange Allee sein
aus dem vergangenen Tag.

Rainer Maria Rilke, Dir zur Feier (1897/98)

5. Was hindert uns, freudig und gesund zu leben

5.1. Was du über dich denkst, wirst du sein

Dr. Uwe Meier, Vorsitzender des Berufsverbandes Deutscher Neurologen, in seinem Artikel „Gehirn und Psyche" [34], über den Einfluss der Gedanken auf die Gesundheit:

„Körperzustände verändern unsere psychische Befindlichkeit. Im zentralen Nervensystem laufen diese Prozesse zusammen und unser Gehirn ist praktisch die Schnittstelle von Körper und Geist.

Bei Schmerzkrankheiten ist der Zusammenhang besonders gut untersucht. So spielt der Kontext von Schmerzerleben, aber auch positive und negative Erwartungshaltungen eine wesentliche Rolle für die Schmerzqualität und die Schmerzstärke. Biologisch gesehen haben Schmerzen eine Warnfunktion und beeinflussen unmittelbar unser Verhalten. Erwartungshaltungen spielen ebenfalls eine große Rolle. Diese Placeboeffekte sind in der Medizin lange bekannt und gut untersucht. Allein der Glaube an die Wirksamkeit eines Medikamentes trägt zur Heilung bei. Dies gilt nicht nur für Medikamente, sondern auch für kulturgebundene Handlungen, wie „Geisterheilungen" oder Rituale durch Schamanen belegen.

Auch in der westlichen Medizin spielen Handlungen, Gesten, soziale Interaktionen und das gesprochene Wort eine wichtige Rolle in der Behandlung, sowohl bewusst als auch unbewusst. Mit Hilfe von suggestiven Verfahren wie autogenes Training oder Hypnose können erstaunliche Effekte nicht nur in der Schmerztherapie erzielt werden...

Die Kraft der Gedanken kann Schmerzen also verstärken oder lindern. Dies gilt für sehr viele Krankheiten, nicht nur für Schmerzkrankheiten, zum Beispiel auch für Parkinsonpatienten...

Ein noch weit dramatischerer Zusammenhang zwischen psychischen Vorgängen und Körperveränderungen zeigen Untersuchungen im Zusammenhang mit Depressivität und Schlaganfallrisiko. Dass ein gesunder Lebensstil das Schlaganfallrisiko deutlich senken kann, ist lange bekannt. So können Menschen durch Normalisierung von Blutdruck, Cholesterin und Blutzucker sowie körperliche Bewegung, gesunde Ernährung und Nichtrauchen das Schlaganfallrisiko um die Hälfte senken...

Zusammengefasst zeigen die hier vorgestellten Beispiele, wie Gedanken, Vorstellungen und Überzeugungen Krankheiten auslösen, verstärken oder den Krankheitsverlauf beeinflussen, positiv wie negativ. Ähnliche Beispiele würden sich zahlreich aufführen lassen, wie bei anderen Herz-Kreislauf-Erkrankungen oder entzündlichen Krankheiten. Welche Lehre kann jeder für sich daraus ziehen?

Die Antwort ist klar: Wir sind zumindest zu einem nicht unwesentlichen Teil für die Qualität unserer Gedanken, Ideen und Vorstellungen verantwortlich. Statt sich ungeschützt privaten und beruflichen Stressfaktoren auszusetzen, können wir schon im Vorfeld etwas dagegen tun." *Dr. Uwe Meier* [35]

**Gedanken sind real und
können nützliche oder schädliche oder negative Erfahrungen
hervorbringen, unabhängig davon,
ob sie ausgesprochen oder ausgeführt werden oder nicht.
Das, worauf wir uns konzentrieren wird unsere Realität.**

Jasmuheen [36]

Die Denkprozesse des Menschen sind erlernt und verlaufen gewohnheitsmäßig, doch scheinen sie nur automatisch und unkontrollierbar zu sein. Die Vorstellung, dass wir Gefangene unserer Gedanken und Gewohnheiten sind, macht uns buchstäblich zu Nervenbündeln und konditionierten Reaktionen. Unser Vierkörpersystem bestehend aus Körper, Gefühlen, Verstand und Geist, hat bewegliche Energiefelder, wovon ein jedes auf einer bestimmten Frequenz schwingt und Energiewellen aussendet. Vereinfacht ausgedrückt, kann man den menschlichen Körper mit der Hardware eines Computers vergleichen, den Verstand mit dem Betriebssystem, die Gedanken mit den Softwareprogrammen und das Leben mit dem, was diese drei Faktoren dann ausdrucken. Der physische Körper reagiert auf den Gefühlskörper, dieser reagiert auf den Mentalkörper, der wiederum, falls er eingestimmt ist, dient dem Geist und der Göttlichen Intelligenz. Auf diese Weise beeinflusst unsere mentale Programmierung nicht nur unser gefühlsmäßiges Wohlbefinden, sondern auch unsere Gesundheit.

„Das menschliche Gehirn besteht aus hundert Milliarden Neuronen, wobei jedes Neuron mit bis zu 500.000 anderen vernetzt ist. Das menschliche Bewusstsein veranlasst Zündungen in diesem Neuronennetz. Nicht alle Neuronen in einem Netzwerk feuern ständig, doch wenn sie aktiviert sind, feuern sie vierzig mal in der Sekunde. Diese Netzwerke entstehen durch die Lebenserfahrungen des Einzelnen. Die Umwelt beeinflusst also das Gehirn. Neurale Zentren, die beispielsweise für das Sehvermögen, die Sprache und so weiter zuständig sind, werden in der Kindheit geprägt..." *Jasmuheen* [37]

Das Leben ist ein lebenslanger Lernprozess. Das Erlernte und Erfahrene im Leben können wir getrost und befreit ablegen, wenn es uns hindert friedvoll und gesund zu leben.

Was du über dich denkst, wirst du sein!
Buddha

Auf dem Wege der Selbsterkenntnis wird dem Menschen klar, dass er sich selber krank gemacht hat. Das Wechselspiel zwischen Krankheit und Gesundheit wird ausgelöst durch die eigenen Gedanken und den unterbewussten Erwartungen. Gedanken und Kräfte sind Energien, die genau wie die Elektrizität oder die Schwerkraft Wirkung haben. Der menschliche Geist ist ein Funke das allmächtigen Bewusstsein Gottes. Yukteswar zeigte Yogananda, dass alles, woran ein machtvoller Geist fest glaubt, sofort eintritt. [38]

Alles was wir sind, ist das Ergebnis dessen, was wir gedacht haben.

„Es basiert auf unseren Gedanken. Es besteht aus unseren Gedanken. Wenn man mit einem bösen Gedanken redet oder handelt, folgt der Schmerz dem einen, wie das Rad dem Fuß des Ochsen folgt, der den Wagen zieht ... Wenn man mit einem reinen Gedanken spricht oder handelt, folgt dem Glück Glück, wie ein Schatten, der niemals geht."
Dhammapada 1-2

Dalai Lama und der Buddha lehren, wir müssen hinterfragen und überprüfen, was uns gesagt wird, und was wir erschaffen, liegt an uns:

"Sie müssen sich selbst bemühen. Die Buddhas weisen nur den Weg."
Dhammapada

Du magst den wilden Elefanten zähmen,
Des Bären und des Tigers Rachen schließen,
Auf einem Löwen reiten und mit einer Kobra spielen,
Durch Alchimie dein Brot erwerben;
Du magst das Universum unerkannt durchwandern,
Die Götter dir zu Sklaven machen, ewig jung erscheinen,
Magst übers Wasser wandeln und im Feuer nicht verbrennen:
Doch besser und weit schwerer ist es,
Die eignen Gedanken zu beherrschen.
Thayumanavar

„Die moderne Umwelt erschwert uns diese so wichtige Arbeit. In der Tat sind wir den zunehmend auftretenden Irritationen des heutigen Alltags ausgesetzt, z.B. dem Straßenverkehr, dem Ansehen von rasch aufeinander folgenden Informationen aus dem Fernseher usw. Geht es heute immer und überall um ‚action'? Zusätzlich zerstreuen wir uns – welch ein bezeichnendes Wort! - durch unkonzentriertes Blättern in Zeitungen und Heften. All das belastet unsere Arbeitsspeicher, um ein Bild aus der Computertechnik zu entlehnen. Vergessen wir nicht, dass wir durch intensives Denken beides anziehen, das was wir uns wünschen, aber auch das was wir ablehnen." *Prof. Dr. Alex Schneider* [39]

Macht euch bewusst: Wir sind nicht unsere Gedanken.

„Du bist ewig. ... Wir sind weitaus mehr als der ewige Strom von inneren Dialogen und zahllosen Wünschen, die uns an die Vergangenheit binden oder uns von der Zukunft träumen lassen. Wir erleben uns als Welle und sehen vor lauter anderer Wellen überhaupt kein Meer. Wir kämpfen ums Überleben und haben Angst, denn die Gefahr, dass die Woge vergeht, ist real. In jedem Moment entstehen Trillionen von Wellen. Sie sind Formen an der Oberfläche und im Grunde nichts anderes als das eine große Wasser. Sobald eine Welle tief in sich geht, erkennt sie, dass sie unzerstörbar ist, eins mit dem unermesslichen Meer. Genau wie du!" *Eckhart Tolle* [40]

Der freie Wille

Der Mensch hat die Wahl und an ihm liegt es, sich der Freude und Kraft zuzuwenden, und damit wieder Gesundheit und Glück aufzunehmen. Das bedeutet aber auch, Abstand zu halten, für das, was seine Kraft vermindert und ihm Sorgen bereitet, denn Negatives zieht Negatives an. Halte dich deshalb nicht mit Sorgen und Kummer auf – weder von dir noch von anderen -, mit Krankheit und Leiden, mit den Kriegen und den Zwist in der Welt. Lass dich nicht da hineinziehen, denn wenn das passiert, wirst du Teil der Krankheit und nicht der Heilung. Der Mensch kann nicht von sich aus denken, sondern ist nur ein Empfänger von Gedanken, entweder aus der göttlichen Quelle oder von der dunklen Seite. Mein Tun und Wirken dient lediglich nur dazu, alle Menschen dieser Erde wieder auf den rechten Weg, auf den göttlichen Weg zu führen. Das ist die große Umkehr! *Bruno Gröning* [41]

Der Mensch entscheidet selbst,
ob er an die Krankheit oder die Gesundheit glaubt.

„Es gibt kein Unheilbar", deshalb kann der Mensch jederzeit wieder vollkommen gesund werden. Hoffnungsvoll und überzeugend und in vielen ärztlich dokumentierten Berichten ist die Lehre Bruno Grönings. Er sprach von Übel, das entfernt werden soll. Übel war für ihn die Krankheit und Unordnung im Leben. Immer wieder betonte Bruno Gröning, dass nicht er heilt, sondern Gott. Es bedeutete für ihn, das Leben zu bejahen und die Ordnung, die darin herrscht. Wer diese Ordnung aufgibt und damit den Glauben an Gott und sich selbst, der wird krank. Je mehr der Mensch sich seiner Krankheit hingibt, desto kraftvoller wird ihre Herrschaft über ihn. Ein wichtiger Punkt in der Lehre Bruno Grönings: Niemand kann zur Heilung gezwungen werden, er kann sich nur freiwillig entscheiden. Immer wieder hob er hervor, dass der Mensch einen unantastbaren freien Willen habe, das höchste Geschenk, das Gott einem Lebewesen machen könne. Er hebe den Menschen von der Stufe eines gerichteten Geschöpfs auf die des freien Kindes, das die Gebote des Vaters nicht erzwungen, sondern freiwillig befolge. Jedoch ermögliche ihm der freie Wille auch, sich an den Gesetzen Gottes zu vergehen. (Siehe auch 6.4.3. Bruno Gröning)

Üben wir uns täglich im Abschalten,
aber nicht durch Zerstreuen, sondern im Jetzt-Sein!

Allein schon die Erkenntnis, wie nutzlos Grübeln ist, hilft uns schon, sich davon zu distanzieren. Ohne Anstrengung nehmen wir oftmals äußere Geräusche, wie den Straßenlärm, gar nicht mehr wahr. So soll es auch bei den inneren Geräuschen, dem Gedankenfluss sein. Man lässt sie einfach an sich vorbeiziehen, als gehörten sie nicht zu uns. Wir sollen unseren Denkapparat einfach so benutzen, als wäre er unser Computer. Wir dürfen nur nicht an einem der auftauchenden Probleme hängenbleiben.

Indem du dein Bewusstsein erhebst, wirst du gegen die Mühsal der Welt immun und kannst mit alledem um dich herum leben und arbeiten, und dennoch wird es dich nicht berühren oder in irgendeiner Weise beeinflussen können. Ein Arzt oder eine Krankenschwester muss immun werden, um frei mit überaus ansteckenden Krankheiten umgehen zu können, und es darf keine Angst in ihnen sein. Lass keine Angst in dir sein, wenn du zusiehst, wie die Weltlage sich verschlechtert. Verzage nie. Harre einfach im Glauben aus, lass deinen Geist in Mir ruhen und wisse, dass alles sehr, sehr gut ist. *Eileen Caddy* [42]

5.2.   Unnatürlicher Lebensstil, Ursache und Wirkung

Vielfältig sind die Gründe, die uns bewegen, einen Lebensstil zu leben, der so fern von allem Natürlichen ist:

Ernährung – Frisches Obst und Gemüse statt Fertignahrung. Wir können wählen: Heimische biologische Landwirtschaft liefert uns regionale Vielfalt für gesundes Essen und eine intakte Umwelt.

Schlaf – Handys, Computer und Fernseher im Schlafzimmer oder störende Faktoren fernhalten und auf einen gesunden Schlafrhythmus achten.

Kleidung – Qualität statt Quantität, bewusstes Einkaufen fördert auch heimische Arbeitsplätze.

Arbeit – Hoher Stressanteil und Leistung beginnt schon in der Schulzeit. Das Lernen wird zur Qual und setzt sich fort im Berufsleben: Machen wir das, was uns Freude macht?

Sexualität – Steht das Bedürfnis der eigenen Befriedigung im Vordergrund, wird die Frau oder der Mann als Objekt benutzt? Zu einer Partnerschaft zählen vorrangig Zuneigung, Freude, Verständnis und Geduld.

Entspannung und Bewegung – Für was verwenden wir unsere Atemzüge? Ausgleich schaffen durch harmonische Naturerlebnisse und die tägliche Zeit in der Stille stärkt.

Wert des Geldes - Die Bedeutung wird oft überschätzt. Geld kann eine segensreiche Energie sein, nur die Gier nach Geld ist zu vermeiden.

KKV = **Klagen, Kritisieren und Verurteilen** ist eine sich wiederholende Verhaltensspirale. Vor über 70 Jahren hat Dale Carnegies ein Büchlein herausgegeben, das nach wie vor aktuell ist: „Klaglos glücklich".

Dem Einkaufen, Zubereiten und dem Essen wird viel Zeit gewidmet

Angesichts der Übergewichtsproblematik in unserer Gesellschaft finden es Rüdiger Dahlke und Doris Ehrenberger [43] wenig erstaunlich, dass die Essensthematik unabhängig von der wirtschaftlichen Lage seit Jahren Hochkonjunktur hat und Diäten einen Dauerboom erleben. Verblüffend ist dabei, wie gering der Einfluss der Diäten auf die Lebenserwartung ist. Entscheidender als das Was, ist beim Essen das Wieviel und vor allem das Wie. Diese kleinen Fragewörter fördern recht einfache und deutliche Antworten zutage. Am besten essen wir in aller Ruhe genüsslich kauend oder etwas weniger als der Appetit verlangt und verlegen uns dabei auf möglichst einfache, naturbelassene Dinge.

„Wir müssten die Konsumgesellschaft abschaffen und auch den Umgang miteinander ändern. Es dürften sich nicht mehr Einzelne auf Kosten anderer profilieren und sich auf diese Weise Bedeutung verschaffen wollen." *Gerald Hüther* [44]

Nach Prof. Gerald Hüther [45], Neurobiologe und Autor, wäre die Liebe die einzig richtige Revolution frei nach Krishnamurti formuliert. Das würde heißen, unseren Kindern das Gefühl zu schenken, dass sie allein deshalb, weil sie auf der Welt sind, schon bedeutsam genug sind. Dann würden sich unsere Kinder geliebt fühlen, und zwar bedingungslos. Kinder, die das erleben durften, fühlen sich aus sich selbst heraus bedeutsam genug. Sie müssen im späteren Leben nicht nach Bedeutsamkeit und Macht streben und sich selbst nicht über andere stellen. Und sie müssen andere nicht zum Objekt ihrer Absichten, Ziele und Bewertungen machen. Wer nach Bedeutsamkeit streben muss, ist ja im Grunde ein Bedürftiger, dem etwas fehlt. Sobald es uns gelänge, unsere Kinder so zu lieben, wäre schon alles gut. Es würde vielleicht zwei Generationen dauern, bis wir das ganz geschafft hätten, aber wir können ja schon mal anfangen.

Komplexe Verhaltensänderungen sind notwendig

„Mit einem Arztbesuch allein ist es nicht getan", Dr. Uwe Meier [46] „Komplexe Verhaltensänderungen sind notwendig, um Auslöser und Verstärker z.B. der Kopfschmerzen zu kontrollieren: Hierzu zählen Stress, Schlafmangel und Bewegungsmangel. Wie bei den meisten Erkrankungen reichen also einfache Maßnahmen nicht aus.

Dies ist leichter gesagt als getan. Schließlich gehen die meisten von uns neben einer geregelten Tätigkeit verschiedenen Hobbys nach. Der Wochenplan ist eng getaktet. Wenn die Sonne untergeht, kehrt anders als früher nicht die Ruhe ein. Elektrizität lässt uns die natürlichen Dimmer übersehen, nachts ist es genauso hell wie am Tage. Nicht nur das Licht ist „laut" und ruhelos, der Fernseher läuft ... Wir sehen auf die

38

Bildschirme unserer Laptops, Notebooks und Smartphones, checken nebenher E-Mails und die neuesten Nachrichten der sozialen Medien bis tief in die Nacht. Ruhe und Stille werden einerseits zum ersehnten Luxus, während wir andererseits um uns herum alles tun, um genau dies zu vermeiden. Das ist nicht gesund. Unsere Hirnbotenstoffe und Hormone kommen durcheinander, Stresshormone haben die Oberhand, die neurobiologisch notwendigen Ruhephasen kommen zu kurz... Also: Gönnen wir dem Gehirn den nötigen Wechsel von Anspannung und Entspannung, lassen wir einmal öfter Fernseher und Computer aus, das Smartphone liegen und genießen die Stille und das Nichtstun." *Uwe Meier* [47]

Wenn Dr. Uwe Meier erklärt, dass viele Erkrankungen schicksalhaft zu sein scheinen, so ist das leider eine gängige Meinung. Der Mensch selbst entscheidet über die Bedeutung seines Schicksals.

Ein König antwortet auf die Frage eines Hirten:

> **„Welches ist denn die größte Lüge der Welt?"**
> **„In einem bestimmten Moment unserer Existenz**
> **verlieren wir die Macht über unser Leben,**
> **und es wird dann vom Schicksal gelenkt.**
> **Das ist die größte Lüge der Welt."**
> *Paulo Coelho, Der Alchimist*

Fokussiere und lebe das Ziel bereits heute, öffne deine Herzenstür:

> **„Bist du nicht frei, dein Bewusstsein anzuheben und**
> **liebevolle, positive, aufbauende Gedanken zu denken,**
> **die dein Wohlbefinden fördern?**
> **Die Wahl liegt immer in deinen Händen."**
> *Eileen Caddy* [48]

Eileen Caddy öffnet mit ihren liebevollen und inspirierenden Texten zu jedem Tag im Jahr nicht nur die Herzenstüren, sie bringen auch beim täglichen Lesen Kraft und Freude in das gesamte Leben. Ihre Texte werden durch Eileen Caddy als Mitteilungen von Gott an den Leser weitergegeben: „Du bist in dieser Welt, um das Gute in sie hineinzutragen. Du bist hier, um Liebe, Licht und Weisheit auf alle Seelen, die in Not sind, auszustrahlen. Du hast Arbeit zu tun, und du kannst diese Arbeit nur tun, wenn du mit dir ins Reine gekommen bist und mit dem Ganzen eins werden kannst, wenn du nicht länger daneben stehst, das Ganze bemängelst und dich davon absonderst. Fühlst du dich in Frieden mit der Welt, oder sind deine Gedanken voller Widerstand, kritisch und zerstörerisch? Denk immer daran: Liebe, Freude und Glück schaffen die richtige Atmosphäre und führen alle gleichgesinnten Seelen zusammen. Beobachte dich also und beginne gleich jetzt, nur das Allerbeste an dich zu ziehen. Du kannst deine ganze Einstellung und Sichtweise in einem einzigen Augenblick ändern. Warum tust du es nicht? Bringe dich mit allem Leben in Einklang und finde jenen Frieden, der alles Verstehen übersteigt." [49]

**Mehr als die Vergangenheit interessiert mich die Zukunft,
denn in ihr gedenke ich zu leben.**
Albert Einstein

Jesus sagte: *Denkt an die Frau des Lot!* Lk 17,32

Während die Engel seine Frau und seine beiden Töchter an der Hand fassten und sie hinaus ins Freie führten, sagte er: Bring dich in Sicherheit, es geht um dein Leben. Sieh dich nicht um und bleib in der ganzen Gegend nicht stehen! *Gen 19,17*
Doch Lots Frau erreichte die sichere Stadt Zoar nicht: Als Lots Frau zurückblickte, wurde sie zu einer Salzsäule. *Gen 19,26*

Lots Frau fehlte der Glaube und das Vertrauen, dass trotz der bevorstehenden unsicheren Zukunft alles wieder gut wird. Sie hat selbst über ihr Schicksal entschieden, indem sie sich der Vergangenheit zuwandte.

Zu einfach wäre es, wenn wir alle Schuld der Vergangenheit, den Eltern, den Umständen oder sogar Gott geben. Wir sind Gottes geliebte Kinder und das Gesetz von Ursache und Wirkung gilt für alle. Wir können jederzeit umkehren und den göttlichen Weg wählen, wir bekommen alle Hilfe. Viele Bibelstellen sind zeitlos und erzählen immer wieder die Geschichten von Menschen, die durch Gottvertrauen sicher durch alle Schwierigkeiten geführt werden. Vergessen wir nicht, wir selbst befähigen uns, Meister unseres Lebens zu sein. Einfach wird es nicht sein. So wie eine schöne Bergtour oder ein Urlaub zu planen ist und wir alles versuchen werden, um mögliche Störungen auszuschließen, um wie viel komplexer ist es, umzukehren und neu anzufangen. Aber auch hier gilt es wie bei einer Reise, ein Weg von tausend Meilen fängt mit dem ersten Schritt an. Vergessen wir nicht, wir sind nicht allein. Entscheiden wir uns den gegenwärtigen Zustand beizubehalten, dann werden wir früher oder später wahrscheinlich gezwungen werden, eine Änderung herbeizuführen, die mitunter schmerzvoller sein wird.

5.3. Vorstellungen über das Alter und den Tod

„Man hatte vor tausend Dingen Angst,
vor Schmerzen, ...vor dem eigenen Herzen,
man hatte Angst vor dem Schlaf, Angst vor dem Erwachen,
vor dem Alleinsein,... vor dem Tode – namentlich vor ihm, vor dem Tode.

> Aber all das waren nur Masken und Verkleidungen.
> In Wirklichkeit gab es nur eines, vor dem man Angst hatte;
> das Sich-Fallen-Lassen, den Schritt in das Ungewisse hinaus,
> den kleinen Schritt hinweg.
> Über all die Versicherungen, die es gab.
>
> Und wer sich einmal, ein einziges Mal hingegeben hatte,
> wer einmal das große Vertrauen geübt und sich dem
> Schicksal anvertraut hatte, der war befreit.
> Er gehorchte nicht mehr den Erdgesetzen,
> er war in den Weltraum gefallen
> und schwang im Reigen der Gestirne mit."
>
> *Hermann Hesse*

Woher kommen denn unsere Bilder vom Alter und Tod?

In der westlichen Welt sind unsere Bilder hauptsächlich von christlichen Vorstellungen geprägt. Eindrücklich wurde die ewige Verdammnis von der Kanzel in den Kirchen herab gepredigt, illustriert von den Bildern in den Kirchenräumen: Schreckliche Szenarien vom „Jenseits des Lebens" nach dem Tod, von einer Hölle mit alten ausgemergelten Körpern von Frauen und Männern, Dämonen, Teufeln, Folter und Feuer. Jahrhundertelang wurden Menschen dadurch in Angst und Schrecken versetzt. Selbst die Neugeborenen erhielten die Taufe gleich nach der Geburt, um sie bei etwaigen Tod vor dem Höllenfeuer zu erretten. Begleitend meist von Ermahnungen der Eltern und Pfarrer wuchs das Kind oft in der Vorstellung auf, dass fast alles, was schön auch sündhaft ist.

Die Einteilung der Sünden lernte das Kind im Erstkommunionunterricht: Einerseits die schweren Sünden, die unmittelbar in die Hölle führten und die leichten, die ins Fegefeuer, einen nur vorübergehender Ort der Qualen. In der wöchentlichen Beichte musste es dem Priester in allen Einzelheiten kindliche Vergehen erzählen. Dem Pfarrer vertraute man Geheimnisse an, die sonst niemand erfuhr. Die kindliche Offenheit wurde oft unter Druck gesetzt und Missbrauch seitens der Erwachsenen und des Klerus ausgeübt. Kindliche Aussagen von Übergriffen negierte man bzw. wurden als Lügen abgetan und als Geheimnis lange streng gehütet. In den letzten Jahrzehnten kamen immer wieder Berichte davon an die Öffentlichkeit.

In der Jugendzeit kam es zur Lockerung der strengen Regeln bzw. durch das unbedingte Vermeiden der sexuellen Lust, führte dies zu weiteren Peinlichkeiten oder Kuriositäten. Werden beim jungen Burschen und dem Mann Sexualität mit wechselnden Partnerinnen toleriert, war dies für junge Frauen gänzlich verboten. Fast keine Frau wagte ihre Meinung zu sagen bzw. zu widersprechen, voreheliche Treffen wurden geheim gehalten und bei einer außereheliche Schwangerschaft bedeutete dies oft den Ausschluss von der Gesellschaft, wenn der Partner sie nicht ehelichte. Ein unvorstellbarer Leidensweg folgte oft für Mutter und Kind und die Familien. Zeitlebens musste die Frau konform gehen mit diesen, dem Leben widersprechenden Regeln.

Skizzenhaft wurde hier ein völlig „normales" Leben der letzten Jahrhunderte vorgestellt, das unweigerlich in Krankheiten und Tod mündete. Eltern, Großeltern und nahe Verwandte lebten es ihnen vor, dass das Leben im Alter voller Bürde und Krankheiten beinhaltet und schließlich mit schrecklichen letzten Lebensstunden endete.

Auch kirchenrechtlich vom spanischen Kirchenvater Isidor von Sevilla (ca. 560–636 n. Chr.) wurde die „Hinfälligkeit des Alters" nicht in Frage gestellt. In seinem frühen Werk unterscheidet er zwischen „senium" (Greisenalter) einerseits und „senectus" oder „senecta" andererseits: „Das hohe Alter (senectus) bringt viele Dinge mit sich, manche gute, manche schlechte: gute, da es uns von den maßlosesten Herren befreit: Es setzt den Vergnügungen Grenzen, es bricht die Macht körperlicher Leidenschaft, es vermehrt die Weisheit, und es gewährt klügeren Rat. Schlechte, freilich, da senium (das Alter, Anm. der Autorin) im höchsten Maße elend ist wegen seiner Hinfälligkeit und des mit ihm verbundenen Ekels." (Isid. Orig.11, 2, 8. 30; vgl. auch Isid. Diff. 2, 20, 77 (PL 83, 81). [50]

Das Alter ist eine Willensfrage.
Wenn man sich nichts daraus macht, bedeutet es auch nichts.
Satchel Paige

Viele Menschen sind dankbar in einer Zeit und einem Land zu leben, wo sie sich unabhängig des Alters am Leben erfreuen können. So verwundert es auch nicht, dass die Berliner Altersstudie in Deutschland zu dem Schluss kam, dass viele ältere Menschen selbst bestimmt leben und Visionen haben können. Diese Altersstudie wurde in den letzten Jahrzehnten maßgeblich von Paul B. Baltes und seiner Schule [51] geprägt und als bahnbrechend erwiesen. Schwerpunkt war die Differenzierung zwischen dem als positiv verstandenen hohen Alter und dem negativ konnotierten, da mit Debilität und Missempfinden verbundenen Greisentum, das Anknüpfungspunkte für die moderne Altersforschung bietet. In der Hauptstudie (1990 – 1993), die immer noch aktuell ist, wurden 516 Personen in 14 Sitzungen hinsichtlich ihrer geistigen körperlichen Gesundheit, ihrer intellektuellen Leistungsfähigkeit und psychischen Befindlichkeit sowie sozialen und ökonomischen Situation untersucht bzw. auch siebenmal nachuntersucht. Derzeit können interessierte Menschen im Internet ihre Antworten bezüglich Aussagen über das Alter(n) überprüfen. Für jede Aussage folgen die Erläuterungen auf der Basis der Befunde der Berliner Altersstudie von Baltes. Hier ein kurzer Auszug:

Was wissen wir über das Alter(n)? Gegen Vorurteile und Klischees.
Neue Ergebnisse über die Zielgruppe alte Menschen Baltes, P. B. (1997). [52]

Von den angeführten 23 Aussagen wurden hier drei ausgewählt:

Aussage 14: Die meisten alten Menschen können nichts Neues mehr lernen — *Falsch*, denn bis ins hohe Alter hinein sind alte Menschen noch lernfähig, auch wenn die Gedächtnisleistungen schlechter werden.

Aussage 15: Die meisten alten Menschen glauben, dass sie ihr Leben nicht mehr selbst bestimmen können — *Falsch*, denn 70 Prozent der Teilnehmerinnen und Teilnehmer gaben an, dass sie das Gefühl haben, ihre Geschicke vor allem selbst beeinflussen zu können.

Aussage 16: Nur ganz wenige alte Menschen haben noch ausgeprägte Lebensziele — *Falsch*, denn 94 Prozent der Teilnehmerinnen und Teilnehmer entwarfen auf Befragen Zukunftsszenarien, selbst bis ins hohe Alter.

Nicht an das Alter, die Krankheit und den Tod sollen wir glauben, sondern an das Leben!

Auf der Suche nach Antworten, die befreien, unabhängig des Alters und die uns wieder an unsere vergessene Wirklichkeit anbinden, finden sich wunderbare Stellen bei Jesus, Yogananda, Leonard Orr und Eileen Caddy.

„ICH BIN die Auferstehung und das Leben, wer an mich glaubt wird leben, ...“
Joh 11,25

Jesus durchbrach die gängigen Vorstellungen über den Tod und das ewige Leben. Er wurde misshandelt, verspottet und gekreuzigt, begraben und am dritten Tage war er wieder auferstanden, um ewig zu leben.

Jesus sagte zu ihr: Frau, warum weinst du? Wen suchst du? Maria Magdalena meinte, es sei der Gärtner, und sagte zu ihm: Herr, wenn du ihn weggebracht hast, sag mir, wohin du ihn gelegt hast. Dann will ich ihn holen. Jesus sagte zu ihr: Maria! Da wandte sie sich ihm zu und sagte auf Hebräisch zu ihm: Rabbuni!, das heißt: Meister.
Joh 20,15f.

Oft hat Jesus davon erzählt, dass der Vater und er eins sind, und das, was der Vater tut, auch er auch tut. Gott kennt keinen Tod und sein Sohn, der Erstgeborene hat ihn überwunden. Jesus hat damit den Menschen den Weg bereitet. Nicht an den Tod sollen wir glauben, sondern an das Leben. Nach seiner Auferstehung war er keine Geistgestalt und ließ sich auch von Thomas berühren, der nicht glauben konnte.

Es ist das göttliche Leben, das jeden befreien kann vom ewigen Kreislauf der Geburt und des Todes. Gott ist das Leben und wir sind seine Töchter und Söhne. Er hat uns den freien Willen gegeben und wir wählen den Weg.

Mit einer berührenden Offenheit erzählt Yogananda in seiner „Autobiographie eines Yogis" [53] die bis vor gar nicht allzu langer Zeit geheimen Lehren des Ostens. Spannend und unterhaltsam und wie selbstverständlich erfahren die LeserInnen die bislang gehüteten Geheimnisse Menschseins. Für viele im Westen lebende Menschen erweitert sich durch diese Lehren das eigene Bewusstsein, und es bleibt nicht ohne Auswirkungen auf ihr Leben und damit auch auf ihren Körper. Yogananda beschreibt, dass sich innerhalb des physischen Körpers, und ihm ganz ähnlich, den physischen Augen aber nicht sichtbar, sich ein Lichtkörper befindet. Es ist die astrale Hülle der Seele. Dieser für das Auge unsichtbare Körper wird Astralkörper genannt und sieht ebenso aus wie der sichtbare. Aus Licht und Energie besteht er und ist außerordentlich fein gesponnen. Wird vom physischen Körper ein Teil verletzt und amputiert, dann schmerzt das entfernte Teil (Finger, Hand oder Fuß) immer noch, obwohl es nicht mehr sichtbar ist. In der Medizin spricht man von „Phantomschmerzen". Ebenso sind abgeschnittene Pflanzen mit einer Spezialkamera noch vollständig sichtbar.

„Sagt nicht, wenn ihr körperlich behindert seid, ‚Ich bin blind geworden' oder ‚Ich habe meine Hand verloren'. Eure unsichtbaren Augen und Hände sind noch immer da. Auch wenn euer körperlicher Arm gelähmt ist, bleibt eurer unsichtbarer Arm unbehindert." *Yogananda* [54]

Yogananda (siehe auch Kap. 6.4.9.) fand es seltsam, dass kaum ein Mensch versucht, das unsichtbare Selbst zu erforschen, denn das Wesentliche im Menschen ist unsichtbar. Der Mensch ist so sehr von seinem sichtbaren Körper in Anspruch genommen und konzentriert sich so ausschließlich auf seine äußere Erscheinung und seine Gesundheit. Er denkt meist nicht darüber nach, was dieses unsichtbare Selbst eigentlich ist.

„Denkt nie, dass die unsichtbaren Organe in irgendeiner Weise durch die Krankheit der physischen Organe in Mitleidenschaft gezogen würden; denn solch negative Gedanken können den Fluss der intelligenten Lebenskraft in den einzelnen Körperteilen behindern."
Yogananda [55]

Was ist wichtiger, die Elektrizität oder die Glühbirne?

Genauso gut könnte man diskutieren, was denn wichtiger ist, der Draht oder die Elektrizität. Der Draht dient lediglich als Leitung für die Elektrizität; die Elektrizität existiert nicht um des Drahtes willen. Wir sorgen uns ständig um die körperliche Glühbirne. Es wäre ein gewaltiger Fortschritt, einmal die Elektrizität zu untersuchen, welche die Birne erleuchtet.

Yogananda und auch Bruno Gröning verwenden diese anschaulichen Beispiele, um uns wieder an den Stellenwert der wahren Werte im Menschen zu erinnern. Mitgefühl, Wertschätzung, Toleranz, das sind die wirklichen Schätze des Menschen, die große Macht besitzen und zur Liebe fähig sind und unsichtbar sind, wie die Elektrizität.

„Ich bin Gott zum Bilde geschaffen.
Mein Leben kann durch nichts zerstört werden.
Ich bin der ewig währende unsichtbare Mensch."
Yogananda

Warum altern wir und sterben,
wenn wir die angeborene Fähigkeit haben, uns zu erneuern und alle Zellstrukturen zu erschaffen (siehe Kap. 2.2. Mysterium Leben: Zellgedächtnis, Zellerneuerung, Resonanzgesetz). Anhand wissenschaftlicher Erkenntnisse und persönlicher Episoden beschreibt Dr. Deepak Chopra in seinem Buch „Die heilende Kraft in mir ..." [56] detailliert und eindeutig den Prozess der natürlichen Heilung, der zwischen Körper und Geist stattfindet bis zu dem Punkt, an dem das Bewusstsein Einfluss nimmt auf die körperliche Befindlichkeit. Dr. Chopra stellt fest, dass fast alle lebensbehindernden Negativitäten, wie Krankheit, Alter und Tod, bei uns selbst zu suchen sind, und es an unserer Programmierung und unseren Glaubenssätzen liege, und dass Zellen nur in Materie gekleidetes Gedächtnis seien. [57]

Fürchte dich nicht, denn ich bin mit dir; /
hab keine Angst, denn ich bin dein Gott.
Ich helfe dir, ja, ich mache dich stark, /
ja, ich halte dich mit meiner hilfreichen Rechten.
Jes 41,10

Alle Angst zeigt sich als Ergebnis des Fortbestands des Egos und seines Versagens, seine Herrschaft dem Willen Gottes zu unterstellen. Erst das Überwinden der Angst, das sich in Vertrauen und Glaube an das Göttliche in uns wandelt, macht uns frei. Der Mensch wählt und entscheidet sich willentlich, sich dem Gottes Willen zu übergeben.

Erhebe dein Bewusstsein und erkenne,
dass du alterslos bist.
Du bist so jung wie die Zeit so alt wie die Ewigkeit.
Während du voll und strahlend im ewigen Jetzt lebst,
bist du immer so jung wie die Gegenwart.
Du wirst ständig im Geist und in der Wahrheit wiedergeboren.
Eileen Caddy [58]

Der Titel des Buches ist verheißungsvoll: „Ende der Sehnsucht – Anleitung zum Leben im Paradies." [59] Leonard Orr: „Die Wurzel jedes Verfolgungswahns (jeder

Paranoia) ist der Glaube, der Tod sei unausweichlich – Gott oder die Natur oder irgend jemand sei daran interessiert, dich zu töten oder sonst wie zu schädigen. Ersichtlicherweise kannst du das nicht denken, ohne dich zuvor ungeliebt zu fühlen. Wie die Bibel sagt, dass die vollkommene Liebe alle Furcht vertreibt. Furcht ist identisch mit der Anstrengung, die es kostet, an negative Gedanken anzuhaften. Hast du keine negativen Gedanken, dann hast du auch keine Furcht – nur Selbstwertschätzung und Selbstliebe; Liebe von Gott."

**Furcht gibt es in der Liebe nicht,
sondern vollkommene Liebe vertreibt die Furcht.
Denn Furcht rechnet mit Strafe, und wer sich fürchtet,
dessen Liebe ist nicht vollendet.
Wir wollen lieben, weil ER uns zuerst geliebt hat.**
1 Joh 4,18f.

5.4.   Der Zweifel

Der Zweifel ist nichts Anderes als ein positiver Wunsch oder Gedanke, dem ein Negativer folgt. Dadurch wird auf energetischer Ebene eine neutrale Position erzeugt und nichts erreicht.

Zweifel verhindert jeglichen Fortschritt

Gebete, Lieder und Mantras sind Ausdrucksmittel um Selbstheilung, Erkenntnis und Erleuchtung zu erlangen. Diese vielfältigen Affirmationen allein wirken nicht. Yogananda:
„Sie müssen darin Meister werden, dass Sie Ihre Gedanken und die daraus resultierende Handlung kontrollieren, um das gewünschte Ergebnis zu erzielen. Es ist fruchtlos und führt zu nichts, wenn Sie eine positive Aussage formulieren oder affirmieren und sie sogleich anzweifeln oder ihr misstrauen." *Yogananda* [60]

Durch die Wirkung von Affirmationen, deren Absicht positiv formuliert wird, stellen sich Ergebnisse ein. Mit Glauben und Vertrauen und durch regelmäßiges Wiederholen ohne zu zweifeln und zu verlangen, öffnen sich neue wunderbare Möglichkeiten.

„Ihr werdet alles bekommen, wenn ihr im festen Glauben darum bittet." *Mt 21,22*

Wir können und dürfen uns darauf verlassen, dass Gott uns erhört, wenn wir um etwas bitten, was im göttlichen Plan enthalten ist. Viele Gläubige sehnen sich nach einem freudigen und friedvollen Leben und trotzdem werden ihre Gebete so wenig erhört. Das liegt sicher nicht daran, dass sie um falsche Dinge bitten, wie z.B. Gesundheit, Schutz, Hilfe, Trost, Wachstum, usw. Der Großteil zweifelt an der vollkommenen Heilung und der Erfüllung ihrer Bitten, sprechen immer wieder weiter von „ihrer" Krankheit, dem Unfall usw. und leben so weiterhin in der Vergangenheit. Der Glaube und das Vertrauen verliert so die Kraft.

Wird der Fokus auf Heilung gerichtet, befasst man sich mit der immensen Macht der Krankheit statt mit der Möglichkeit der Genesung, oft wird dadurch die Krankheit eine mentale als auch körperliche Gewohnheit.

Die Vorstellungs-Gewohnheiten von Krankheit oder Gesundheit, bewusst oder unbewusst, üben einen starken Einfluss aus. Hartnäckige körperliche oder geistige Krankheiten wurzeln stets tief im Unbewussten; Krankheit lässt sich kurieren, indem man ihre verborgenen Wurzeln herauszieht. Daher sollten alle Affirmationen des bewussten Verstandes stark genug sein, um das Unbewusste zu durchdringen, wodurch wiederum das Bewusstsein automatisch beeinflusst wird. Aber ohne die zugrundeliegende Wahrheit zu erkennen und zu verstehen, nämlich die **unzertrennliche Einheit des Menschen mit Gott,** sind die Ergebnisse wenig zufriedenstellend, und den Gedanken fehlt die Heilkraft. *Jasmuheen* [61]

Die Welt ist eine Teststrecke, auf der man viele Prüfungen absolvieren muss.

„Die Aufgabe des Menschen ist, sich selbst zu prüfen. Sei in allen Aspekten des Lebens effizient und versiert, damit kein Wunsch zurückbleibt. Lass keine mentale Schwäche zu. Erledige deine Arbeit gewissenhaft und genau. Fürchte nichts und lass dich von den satanischen Kräften nicht irreführen. Beschäftige deinen Verstand ausschließlich mit der Seele." *Lahiri Mahasayas*

1894 gehörte der Amerikaner Baird T. Spalding zu jenen elf Forschern, die den Fernen Osten bereisten. Dreieinhalb Jahre währte sein Aufenthalt, währenddessen er in Kontakt mit den großen Meistern des Himalayas kam. Spaldings Aufzeichnungen in seinem Buch „Leben und Lehren der Meister des Fernen Ostens" führen den Leser zu den Quellen kosmischen und universellen Wissens:
„Diejenigen, die sich so sehr von ihrem persönlichen Denken gefangen halten lassen, müssen diesen ihren Weg weitergehen, bis sich Glaubenssätze und Erfahrungen von selbst erschöpfen und sie nicht mehr weiter können. Dann streckt ihnen das (ewige) Gesetz eine rettende Hand entgegen in Form von Krankheit, Schmerz und Verlust, bis das Menschliche still wird und sich an die Arbeit macht, den Fluch der falschen Idee in der Idee selbst zu suchen." *Spalding* [62]

6. Hilfen und Heilungen für Körper, Seele und Geist

6.1. Stille und Meditation

Achtsamkeit als wichtiger Schritt in die Stille und Meditation

Achtsamkeit ist sowohl ein lebenslanger Lernweg, als auch eine Aufmerksamkeit mit allen Sinnen im Hier und Jetzt zu sein. Es gibt nichts, keine Handlung und keine Erfahrung, die uns nicht etwas Wesentliches über uns selbst offenbart, einfach dadurch, dass sie uns das Spiegelbild unseres Geistes und Körpers vorhält. Das eigene Tun ist entscheidend und kann von niemanden abgenommen werden. Haben wir das umfassende göttliche Ziel vor Augen, dann werden wir durch Selbst-Kontrolle wieder „selbst-bewusst" und erleben damit eine Bewusstseinserweiterung. Die tägliche Neuorientierung beinhaltet – so paradox es klingt – einerseits eine Suche bzw. den eigenen Willen, andererseits ist diese Suche jenseits jeder Erwartung. Es ist einfach ein Dasein – Ich-Sein – Ich-Bin-Sein mit Demut und Dankbarkeit für das Leben.

Die innere Einstellung der Achtsamkeit in jedem Augenblick unseres Lebens zählt.

Gedanken wie „Das ist Zeitverschwendung", „Das kann ich nicht" sind Urteile, und Urteile sind nichts Anderes als Gedanken. Aufmerksam bleiben und sich des Beurteilens zu enthalten, ist Teil der Achtsamkeit. Urteilende Gedanken von uns selbst oder von anderen einfach beobachten, ohne ihnen nachzugehen oder in irgendeiner Form darauf zu reagieren, befreit uns zu einem bewussteren Leben, in dem wir behutsam mit uns selbst und anderen umgehen. Der zerstreute Geist findet Ruhe, Frieden, Gelassenheit. Danach sehnen sich viele Menschen.

Viele Männer und Frauen zogen im 4. Jh. n. Chr. aus den Städten des Römischen Reiches in die ägyptische Wüste, um bei den Wüstenvätern und -müttern in der Abgeschiedenheit sich selbst und Gott zu finden. Ihre wichtigste Übung bestand darin, wachsam zu sein. Als im 17. Jahrhundert die christliche Ethik in den Vordergrund rückte, wurden diese christlichen Schätze weitgehend vergessen. Nur in den Klöstern, vor allem in den kontemplativen Orden, wurde diese Tradition weiter praktiziert. Seit ungefähr 30 Jahren ist das Konzept der Achtsamkeit wieder stark im Kommen – auch unter Christen.

"Gehört jemand zu Christus, dann ist er ein neuer Mensch.
Was vorher war, ist vergangen, etwas Neues hat begonnen. *2 Kor 5,17*

Die Botschaft von Jesus Christus war und ist zeitlos, klar und kraftvoll. Wir alle sind Gottes Töchter und Söhne. Diese Wahrheit macht uns frei und wir können unser Leben Ihm anvertrauen. Die Menschen spüren selbst, dort wo sie Kraft und Freude bekommen,

48

da ist Gott. Diese freudige Botschaft von Jesus wurde in den vergangenen 2000 Jahren verformt.

Dr. Dahlke (Kap. 6.4.4. Dahlke, Rüdiger) erzählte in einer Reportage im Hessischen Fernsehen bei einer einwöchigen Fastenwanderung: „… wenn ich morgens ein christliches Morgenritual anbiete, dann bleiben 40 % meiner Gäste fern und tauchen erst zum Frühstück auf. Wenn ich ein indianisches anbiete oder ein buddhistisches, dann sind sie ohne Ausnahme alle da. Ich bedauere das, dass wir so wenig zu unseren Wurzeln stehen können."

Wut und Ablehnung resultiert aus Angst, Trauer und Machtausübung, diese wurzelt bis heute in vielen Menschen in Bezug auf unsere christlichen Wurzeln. Da ist oft eine christliche Meditation nicht möglich. Schätzen wir die Freiheit, die uns auch andere spirituellen Wege eröffnet, um zu innerem Frieden und Freude zu kommen. Kann sein, dass wir über Umwege wieder zu neuem Gottesverständnis kommen, das uns aussöhnt mit der Vergangenheit und offen macht für die Schönheit und Liebe in uns selbst.

Theoretische Physik, Verstand und Ruhe

„Cogito ergo sum" oder „Ich denke, also bin ich" dieser berühmte Ausspruch von René Descartes (1641) lässt den Schluss offen, dass das Denken eine der wichtigsten menschlichen Qualitäten und bis in die heutige Zeit von Philosophen und Theologen u.a. methodisch weitergeführt wird.

Für Professor Alex Schneider, ehemaliger Präsident und Mitbegründer der Basler Psi-Tage sowie Vorstandsmitglied der Schweizer Gesellschaft für Parapsychologie, St. Gallen/Schweiz, ist der Verstand lediglich die häufig überbewertete Schaltzentrale unseres Tuns und Handelns, mit der wir glauben, jedes unserer Probleme lösen zu können. Der Computer verarbeitet derlei Daten auch und viel besser! Was sind die wirklich typischen Werte? Prof. Schneider sieht den typisch menschlichen Wert hingegen darin, dass wir unseren Verstand durch schöpferische Intuitionen (inzwischen sogar ein wissenschaftlicher Begriff) leiten lassen. Es entsteht dadurch in unserer Existenz Wichtiges, wirklich Neues, u.a. Kunstverständnis, Schönheitsempfinden, Liebe. Das Gehirn ist dabei nicht Schöpfer sondern nur Vermittler. Voraussetzung, damit wir für diese hochwertigen Einflüsse frei sind, sollten wir das computermäßige „mentale Rauschen", die Tätigkeit des „ewigen Schwätzers", angeregt durch die heutige unruhige Informationsflut, möglichst reduzieren. [63]

Die Stille und das Gebet

„Seid stille und erkennet, dass ich Gott bin" *Ps 46,11*

„Gott, der seine Gegenwart nie zur Schau stellt,
kann nur in tiefem Schweigen wahrgenommen werden."
Yogananda [64]

Die Stille, wer sie sucht, findet sie. Innehalten und die Gedanken ziehen lassen, wie die Wolken am Himmel, wie das Wasser im Fluss. In der freien Natur oder in der Stadt, überall gibt es heilige Orte. Stille Kirchenräume laden ein, sich einfach zurückzuziehen und zu schweigen. Die eigene Wahrheit zu finden, in mir, nicht mehr im Außen suchen zu müssen. Die Heiligen Bücher und Bilder können kraftvoll und heilend sein, der Mensch entscheidet selbst, was für ihn gut und für seine momentane Situation hilfreich ist. Der Glaube an das Gute trägt uns durch alle Schwierigkeiten. Der Seelenplan wurzelt in der Gottes Liebe, freuen wir uns und sind dankbar. Jesus erzählt das Gleichnis von den zehn Jungfrauen, fünf waren töricht und fünf waren klug. Die Klugen aber nahmen außer den Lampen noch Öl in Krügen mit, um genügend Vorrat zu haben.

„Seid also wachsam! Denn Ihr wisst weder den Tag noch die Stunde."
Mt 25,13

Jetzt ist der richtige Zeitpunkt, beteiligen wir uns am göttlichen Plan im Universum, der die Vollkommenheit in Schönheit und Freude manifestiert. Der Mensch, der sich ernsthaft bemüht, dem werden alle Türen geöffnet.

Dem Propheten Jesaja offenbarte Gott Seinen Plan mit folgenden Worten:

„Denn Ihr sollt in Freuden ausziehen und in Frieden geleitet werden.
Berge und Hügel sollen vor euch her frohlocken mit Jauchzen und
alle Bäume auf dem Felde in die Hände klatschen."
Jesaja 55, 11-12

Die Liste der Propheten und heiligen Menschen bis heute, die sich ernsthaft bemühten, ihr Leben mit all den Hindernissen Gott zu weihen und den Mitmenschen zu dienen, ist lang. Die Erkenntnis, dass wahrhaftes und dauerhaftes Glück nur im Geben und Nehmen zu finden ist, befreit. „Gottesdienst" ist nicht beschränkt auf den Kirchenraum, unser Leben selbst gibt Zeugnis. Das eigene Tun in vollkommenen Glauben und Vertrauen lässt Wunder und Herrlichkeiten geschehen. Dann wird es offenbar, dass es wahrhaft ein volles und herrliches Leben ist und alle gesegnet sind.

Jesus antwortete auf die Frage nach dem wichtigsten Gebot:

„**Das erste ist: Höre, Israel, der Herr, unser Gott, ist der einzige Herr. Darum sollst du den Herrn, deinen Gott, lieben mit ganzem Herzen und ganzer Seele, mit all deinen Gedanken und all deiner Kraft. Als zweites kommt hinzu: Du sollst deinen Nächsten lieben wie dich selbst. Kein anderes Gebot ist größer als diese beiden.**" *Mk 12,28-31*

Das Vaterunser ist das im Christentum am weitesten verbreitete Gebet. Es ist das Gebet, das unzähligen Menschen Schutz und Kraft gegeben hat und gibt. Jesus hat durch sein Leben Zeugnis gegeben: Er lebte inmitten eines besetzten Landes, er war Jude und wurde von seinen Priestern ausgegrenzt, weil er keine Unterschiede machte und alle heilte, die Glauben hatten. Jesus achtete auch andere Glaubensrichtungen und lehrte seinen Jüngern das „Vater unser", als sie ihn baten:

„**Herr, lehre uns beten; auch Johannes hat seine Jünger beten gelehrt.**" *Lk 11,2*

Das Gebet ist immer eine persönliche Begegnung mit Gott, der uns Vater und Mutter ist. In der Stille erweitert sich der ursprüngliche Text, wie im nachfolgenden „Vater unser":

Vater unser, der Du bist im Himmel
und auch in mir selbst,
geheiligt ist Dein Name!
Unser Reich ist da, Dein Wille geschieht -
wie im Himmel, so auf Erden.
Wir bitten um unser tägliches Brot,
das wir brauchen.
Und erlasse uns unsere Schuld,
wir bereuen sie aufrichtig und kehren um,
wie auch wir allen ihre Schuld an uns vergeben.

Du führst uns durch die Versuchung hindurch,
erlöst uns durch unser ehrliches Bemühen von dem Bösen
und hältst uns in Deiner göttlichen
Einfachheit, Klarheit, Reinheit und Geborgenheit.
Denn unser ist das Reich, die Kraft und
die Herrlichkeit in Ewigkeit.
So sei es! Amen

51

Mt 6,5-8: **Wenn ihr betet, macht es nicht wie die Heuchler. Sie stellen sich beim Gebet gern in die Synagogen und an die Straßenecken, damit sie von den Leuten gesehen werden. Amen, das sage ich euch: Sie haben ihren Lohn bereits erhalten. Du aber geh in deine Kammer, wenn du betest, und schließe die Tür zu; dann bete zu deinem Vater, der im Verborgenen ist. Dein Vater, der auch das Verborgene sieht, wird es dir vergelten. Wenn ihr betet, sollt ihr nicht plappern wie die Heiden, die meinen, sie werden nur erhört, wenn sie viele Worte machen. Macht es nicht wie sie; denn euer Vater weiß, was ihr braucht, noch ehe ihr ihn bittet.**

Die schöpferische Lebenskraft aufnehmen

Beten, im Stillen oder laut, ist immer ein direktes Sprechen mit unserem Mutter-Vater-Gott. Wir öffnen den heiligen Raum in uns und die göttliche Energie fließt. So wie eine Kerze von uns erst angezündet werden muss, damit sie brennt, so fließt durch unseren Wunsch die göttliche Energie.

Die heiligen Schriften der Hindus sprechen nicht nur von *Anu*, dem „Atom", von Paramanu, „dem, was jenseits des Atoms liegt", d.h. den feineren elektronischen Energien, sondern auch von *Prana*, der „schöpferischen Lebenskraft". Atome und Elektronen sind blinde Kräfte, während *Prana* intelligenzbegabt ist. So bestimmt z.B. das *Prana* oder die Lebenskraft in Sperma und Eizelle, das Wachstum des Embryos. Yogananda nannte das Prana „Biotronen". *Yogananda* [65]
Bruno Gröning (siehe Kap. 6.4.3. Bruno Gröning) nannte die unerschöpfliche Kraft den Heilstrom. Er hatte davon ein sehr genaues intuitives Wissen, das er mit allen Menschen teilt.

Diese schöpferische Lebenskraft ist unendlich und mit menschlichen Erfahrungen nicht zu erklären. In unserem Zeitalter gibt es inzwischen viele Menschen, die sich auch ausschließlich davon ernähren (siehe Kap. 6.4.7 Jasmuheen, Göttliche Ernährung und leben mit Licht). Andere entscheiden sich für den sanfteren Weg zur Lichtnahrung und genießen weiterhin das Essen. *Jasmuheen* [66]

Dieses wunderbare Wissen der Heilkraft oder der göttlichen Kraft verwendeten auch berühmte Ärzte wie Paracelsus, Hahnemann etc. Hochsensible Geräte in unserer Zeit zeigen die Auswirkungen dieser umfassenden Kraft, die die Grundlage alles Lebendigen ist und Heilung gibt. Was braucht es, um diese unerschöpfliche Kraft aufzunehmen? Es ist der tiefe innige Wunsch des Menschen und sein Wollen, erfahrbar in der Stille:

Jeder Ton wird aus der Stille geboren, stirbt zurück in die Stille und
ist während seiner Lebensspanne von Stille umgeben.
Stille ermöglicht dem Ton das Sein.
Sie ist der unmanifeste Anteil, der jedem Geräusch zutiefst angehört,
jeder Note, jedem Lied, jedem Wort.
Das Unmanifeste ist in dieser Welt als Stille gegenwärtig.
Nichts in dieser Welt, so wurde gesagt, gleicht Gott so sehr, wie die Stille.
Du musst nur darauf achten. (...)
Du kannst nicht auf die Stille achten, ohne auch innerlich still zu werden.
Stille außen, Stille innen.
Du bist in das Unmanifeste eingetreten.
Eckhart Tolle

6.2.   Religionen und andere Glaubensrichtungen

6.2.1.   Der Glaube

Das Wort **Glaube** (auch **Glauben**; lateinisch fides; indogermanisch leubh ,begehren',
,lieb haben', ,für lieb erklären', ,gutheißen', ,loben') ist eine gefühlsmäßige, nicht von Beweisen, Fakten o. ä. bestimmte unbedingte Gewissheit, Überzeugung. Glaube bezeichnet
eine Grundhaltung des Vertrauens, vor allem aber nicht nur im Kontext religiöser
Überzeugungen. *Wikipedia* [67]

Ohne Glaube an die Seele und ihre Unsterblichkeit ist das Sein den Menschen
unnatürlich, undenkbar und unerträglich. Nur durch den Glauben an seine
Unsterblichkeit erfasst der Mensch den vernünftigen Zweck seines Seins auf Erden.
Der Verlust des höchsten Sinnes das Leben führt folgerichtig zum Selbstmord ... Die
Überzeugung von der Unsterblichkeit ist folglich der Normalzustand der
Menschheit, und wenn dem so ist, so ist auch die Unsterblichkeit der menschlichen
Seele selbst eine zweifellose Tatsache. Mit einem Wort: Die Idee unserer
Unsterblichkeit ist das Leben selbst, das lebendige Leben.
Fjodor M. Dostojewski (1821 – 1881)

Glauben

Gelassener leben, weil letztlich nicht alles von mir abhängen muss;
Weitherzigkeit wagen und Weitblick einüben,
weil da ein größerer Horizont ist als das eigene Ich;

die Mitmenschen wahrnehmen
und mich für andere einsetzen,
weil einer langen Atem gibt und Vorbild dafür ist;
Durststrecken aushalten
und kleine (Fort-)Schritte wagen,
weil es eine Beziehung gibt, die trägt und ermutigt;
Hoffnung haben und Humor,
weil ich weiß, wem ich vertraue, auf wen ich setze.
Stefan Schlager

Ich kann nicht glauben

Verliert der Patient den Glauben an den Heiler, die Behandlung und an Gott, verhindert es die Vollendung des Heilungsprozesses. Auch weist die Wissenschaft immer öfters hin, der Glaube an die Behandlung sei ein wichtiger Bestandteil des Heilungsprozesses. Allen Menschen wurde Heilung von Jesus zugesichert, die glauben möchten, aber nicht können:

„Bittet Gott, und er wird euch geben!
Sucht, und ihr werdet finden!
Klopft an, dann wird euch die Tür geöffnet!
Denn wer bittet, der empfängt;
wer suchet, der findet
und wer anklopft, dem wird geöffnet."
Mt 7,7f.

Mit diesen Worten erklärt Jesus uns nicht, wie und wann es passiert, aber er verspricht es uns! Erwarte es und mit Geduld und Offenheit ohne Vorstellungen für ein wunderbares Leben.

Turmbau zu Babel *(Altes Testament, Gen 11,1-9)*

Können wir den Körper und die Seele als getrennte Wesen sehen? Wir wurden als Ebenbild Gottes erschaffen. Nur unsere Seele oder gehört der menschliche Körper auch dazu? Wie groß ist unser Gottesbild, versuchen wir es zu beschränken und einzuengen auf unsere Vorstellungen? Wenn wir sagen, der Mensch besteht aus Körper, Geist und der unsterblichen Seele, betrifft die Unsterblichkeit wirklich nur die Seele? Gibt es überhaupt Antworten auf diese Fragen? Wenn ja, dürfen wir mit Gott eins sein, Ihn unseren Vater und unsere Mutter nennen? Wird nicht gleich gedroht, wie beim Turmbau von Babel (Gen 11,1-9), als die Menschen versuchten Gott ähnlich zu sein?

Pfarrer und Familientherapeut Markus Hangelberger [68] versucht die oft fehlinterpretierten Bibelstellen ins richtige Lot zu setzen:

Gen. 11,5 **Da stieg der Herr herab, um sich Stadt und Turm anzusehen, die die Menschenkinder bauten.** - Es stimmt nicht, dass Gott „oben" ist und von oben uns Menschen betrachtet oder von oben uns begegnet (Vgl. Menschwerden Gottes in Jesus: Gott ist mit uns: „Immanuel")

Gen 11,6 **Er sprach: Seht nur, ein Volk sind sie, und eine Sprache haben sie alle. Und das ist erst der Anfang ihres Tuns. Jetzt wird ihnen nichts mehr unerreichbar sein, was sie sich auch vornehmen.** - Es stimmt nicht, dass Gott den Menschen die Entwicklung ihrer technischen und geistigen Fähigkeiten nicht gönnt und sie verhindern möchte.

Gen 11,7 **Auf, steigen wir hinab, und verwirren wir dort ihre Sprache, so dass keiner mehr die Sprache des anderen versteht.** - Es stimmt nicht, dass Gott durch gezieltes Eingreifen die Vielfalt und Unterschiedlichkeit der Sprachen verursacht hat. Es stimmt nicht, dass das „Sich-nicht-Verstehen" der Menschen Gottes Wille ist. Es stimmt nicht, dass die Last der Vielsprachigkeit der Völker eine Strafe Gottes sei (weil er angeblich den Menschen ihre Fähigkeiten und technischen Errungenschaften nicht gönnt). Es stimmt nicht, dass die Vielsprachigkeit der Menschheit nur etwas Negatives sei.

Die seelische Wahrheit der Geschichte bleibt gültig.

Manfred Hangelberger: „Es stimmt, dass Arroganz und Ehrsucht die Menschen gegeneinander bringt, dass übersteigertes Konkurrenzdenken dazu führt, dass die Sprache des Herzens, die Sprache des Verstehens, der Wertschätzung und des Wohlwollens verloren geht und statt dessen Missverständnisse, Intrigenspiel, Verlogenheit und Herzenskälte entstehen. Die Menschen verstehen sich dann nicht mehr, auch wenn sie dieselbe Sprache sprechen." [69]

Leben im Paradies

Leonhard Orr ermuntert seine Leser in seinem Buch „Anleitung zum Leben im Paradies" sich mit ewigen Glaubenssätzen auseinanderzusetzen. Erzählen zum Beispiel Eltern, dass Gott die Stunde des Todes vorausbestimme, dass Er Krankheit, Unfälle, Alter und ähnliches benutze, um die Menschen zu dezimieren, und überzeugen davon ihre Kinder – dann geben sie, ohne zu wissen, dem Gott der Eltern ihre Macht über den Tod. An einen Gott geben sie die Macht, der „nebenbei gesagt, mit seiner Macht nicht die Bakterien besiegen, mit seinem Verstand Unfälle nicht ungeschehen machen kann – und gänzlich der Zeit untertan ist. Sehen wir der Wahrheit ehrlich ins Gesicht, der Gott dieser Eltern war mickrig und kleinlich – lasst ihn doch sterben! Hört auf, Gott zu beschränken!"

Das Leben im Paradies beginnt im Hier und Jetzt und die lebensbegleitende Todesangst gehört der Vergangenheit an. Hilfreich nach Leonhard Orr sind Sätze zu formulieren, aufzuschreiben und jeden Tag zehnmal bzw. jedes mal, wenn Zweifel sich ankündigt, zu sagen:

> „Der Tod hat keine Macht mehr über mich,
> denn ich habe Kontrolle über mein Leben und meinen Tod.
> Deshalb kann mich der Tod nicht erreichen, es sei denn, ich will es –
> und ich will, dass er mir nicht nahe kommt.
> Ich habe das Leben gern und bin erfüllt von Freude, Liebe, Frieden und Weisheit."
> *Leonhard Orr* [70]

„Über den Glauben" [71]

„Glaube als Wissen ist die höchste Stufe in der Entwicklung der Seele. Das Vertrauen in die Existenz der unsichtbaren Welt, der geistigen Welt, der schöpferischen Welt und derjenigen, die Hilfe leistet, ist viel stärker als der Glaube, der voller Zweifel ist, oder blinder Glaube. Blindheit ist eine schreckliche Sache: Sie verkrüppelt die Seele, da solch ein Glaube entweder eine Beeinflussung oder eine Selbstsuggestion ist, aber nicht auf dem Erkennen der Wahrheit fußt. Blinder Glaube tötet auch alles um ihn herum, weil er dem tollwütigen Fanatismus ähnlich ist, wenn alles, was sich ihm nicht unterordnet, zerstört wird. Und die Wahrheit ist ein großes Wissen, das aus der Welt des Unsichtbaren kommt und von der Seele begriffen wird und nicht vom menschlichen Verstand, der in seinen Fähigkeiten eingeschränkt ist, oder von Sinnesorganen. Und dieses Wissen wird zu einer großen Freude, da nicht der Verstand, sondern nur die Seele Freude erfahren kann. Und die Wahrheit liegt darin, auf Erden zu erfahren, was die Seele im Himmel wusste: Alles, was erschaffen wurde, ist eine Inkarnation des Planes des Herrn....

Die Weisheit beginnt mit dem Glauben und nicht mit dem Verstand, also genießt das Wahre Licht, das in euren Seelen eingeschlossen ist, und habt keine Angst vor ihm oder dem Spott von Narren. Die Weisen werden euch verstehen, die Narren werden über euch lachen; wessen Antwort auf euren Glauben werdet Ihr mehr schätzen? ..." *Auszug aus Braco Official TV* [72]

> Wenn wir beten, werden wir glauben.
> Wenn wir glauben, werden wir lieben.
> Denn die Liebe ist eine Frucht des Glaubens.
> Und das Dienen ist eine Frucht der Liebe.
> *Mutter Teresa von Kalkutta*

6.2.2. Heilungsgeschichten in den Heiligen Büchern

„Religion ist erlebnishafte Begegnung mit dem Heiligen
und antwortendes Handeln
des vom Heiligen bestimmten Menschen."
Gustav Menschin

"**Heilig** bezeichnet etwas Besonderes, Verehrungswürdiges und stammt wortgeschichtlich von Heil ab, was sich abgeschwächt noch in heil („ganz") wiederfindet. Im allgemeinen Sprachgebrauch ist heilig ein im Zusammenhang mit Religion gebrauchter Begriff mit der zugedachten Bedeutung „einer Sphäre des Göttlichen, Vollkommenen oder Absoluten angehörig". *Wikipedia*[73]

Dieses Göttliche, Vollkommene ist das Leben selbst in all seiner Vielfalt. Das menschliche Leben ist, wie das auch der Tiere und Pflanzen, mit der ganzen Schöpfung entstanden. Entstehen kann aber etwas nur, wenn es eine schöpferische Kraft gibt, die alles Lebendige durchströmt und in uns wirkt. Sie stärkt, heilt und erinnert uns an unseren Ursprung, der in Gott geborgen war und ist.

Christentum *„Dein Glaube hat dir geholfen"* [74]

Die christliche Bibel ist mehr als eine literarische Fundgrube. Sie hat das Potential in sich, ein Buch zu sein, das lebenslang begleitet. Die Bibel ist kein Buch der „Sieben Siegel", welches nur Auserwählte lesen können. Alle Menschen finden in ihr Schätze, wenn sie mit Gottvertrauen anfangen zu suchen. Jeder Mensch auf seine Art. Die Bibel ist kein frommes Glaubensbuch. Das Zeugnis von der Wahrheit der Bibel kann nur der Mensch selbst geben:

An ihren Taten sollt ihr sie erkennen! *1 Joh 2,1-6*

Die Vers-Nummerierungen der Bibel sind zwar oft recht einengend und strukturierend, können aber dennoch hilfreich sein. Der Mensch macht sich beim Lesen der Bibel selbst ein Bild bzw. überzeugt sich in seinem Leben von der göttlichen Führung und Heilkraft. Interessant ist, dass je nach Gemütszustand und Reife des Menschen, verschiedene Bibelstellen oft eine ganz andere Interpretierung erhalten können.

Die Texte des Turmbaus von Pfarrer Hangelberger im vorigen Kapitel oder der Umgang Jesus mit Armen, Ausgestoßenen und auch Zöllnern, sind kraftvoll und unterstützend für den menschlichen Weg. Jeder Mensch hat jederzeit die Chance zu einem Neuanfang.

Wer die Bibel ernst nimmt, verurteilt seine Mitmenschen nicht, gleich welcher Religion und Vergangenheit. Die Welt ist ein Lernplanet und der Sinn des Lebens ist mehr als bezahlte Arbeit, schönes Haus, Sport und intakte Familie. Viele Menschen haben das Gefühl, dass keiner ihnen die vielen Mühen dankt. Schaut man sich das Leben von Jesus an, der als Verbrecher hingerichtet wurde, dann ist klar, Jesus war ein sogenannter „Verlierertyp". Trotz allem verlor er sein Vertrauen und den Glauben an seinen göttlichen Vater nie und ermuntert uns alle, ihm zu folgen.

In den folgenden Begegnungen wird es offensichtlich, Jesus und sein Vater sind eins. Seine Worte sind Geist, und sie sind Leben, und sie bringen das zur Erfüllung, wofür sie ausgesandt worden sind:

Mk 11,20ff. Jesus sagte zu ihnen: Ihr müsst Glauben an Gott haben. Amen, das sage ich euch: Wenn jemand zu diesem Berg sagt: Heb dich empor und stürz dich ins Meer!, und wenn er in seinem Herzen nicht zweifelt, sondern glaubt, dass geschieht was er sagt, dann wird es geschehen. Darum sage ich euch: Alles, worum ihr betet und bittet - glaubt nur, dass ihr es schon erhalten habt, dann wird es euch zuteil.

Mt 9,21f. Denn sie sagte sich: Wenn ich auch nur sein Gewand berühre, werde ich geheilt. Jesus wandte sich um, und als er sie sah, sagte er: Hab keine Angst, meine Tochter, dein Glaube hat dir geholfen. Und von dieser Stunde an war die Frau geheilt.

Mt 9,2ff. Da brachte man auf einer Tragbahre einen Gelähmten zu ihm. Als Jesus ihren Glauben sah, sagte er zu dem Gelähmten: Hab Vertrauen, mein Sohn, deine Sünden sind dir vergeben! Da dachten einige Schriftgelehrte: Er lästert Gott. Jesus wusste, was sie dachten, und sagte: Warum habt ihr so böse Gedanken im Herzen? Was ist leichter, zu sagen: Deine Sünden sind dir vergeben!, oder zu sagen: Steh auf und geh umher? Ihr sollt aber erkennen, dass der Menschensohn die Vollmacht hat, hier auf der Erde Sünden zu vergeben. Darauf sagte er zu dem Gelähmten: Steh auf, nimm deine Tragbahre, und geh nach Hause! Und der Mann stand auf und ging heim. Als die Leute das sahen, erschraken sie und priesen Gott, der den Menschen solche Vollmacht gegeben hat.

Mt 8,13 Und zum Hauptmann sagte Jesus: Geh! Es soll geschehen, wie du geglaubt hast. Und in derselben Stunde wurde der Diener gesund.

Mt 9,28f. Nachdem er ins Haus gegangen war, kamen die Blinden zu ihm. Er sagte zu ihnen: Glaubt ihr, dass ich euch helfen kann? Darauf berührte er ihre Augen und sagte: Wie ihr geglaubt habt, so soll es geschehen.

Mt 15,28 Darauf antwortete ihr Jesus: Frau, dein Glaube ist groß. Was du willst, soll geschehen. Und von dieser Stunde an war ihre Tochter geheilt.

Mk 5,34 Er aber sagte zu ihr: Meine Tochter, dein Glaube hat dir geholfen. Geh in Frieden! Du sollst von deinem Leiden geheilt sein.

58

Mk 10,52 Da sagte Jesus zu ihm: Geh! Dein Glaube hat dir geholfen. Im gleichen Augenblick konnte er wieder sehen, und er folgte Jesus auf seinem Weg.

Lk 17,19 Und er sagte zu ihm: Steh auf und geh! Dein Glaube hat dir geholfen.

Euer Herz lasse sich nicht verwirren.
Glaubt an Gott und glaubt an mich!
Joh 14,1

Im Marienwallfahrtsort Lourdes geschehen immer noch Heilungen [75]

In Lourdes erschien 1858 dem damals 14-jährigen Hirtenmädchen Bernadette Soubirous nach dessen Angaben die Gottesmutter Maria. Seither soll es dort rund 30.000 Heilungen gegeben haben; 6.000 sind dokumentiert, 2.000 gelten als „medizinisch unerklärlich".

Die damals 69-jährige Ordensfrau Bernadette Moriau berichtet, sie sei 2008 im Rahmen einer Diözesanwallfahrt zum 150. Jahrestag der Erscheinungen nach Lourdes gepilgert. Dort habe sie nicht den Wunsch nach Heilung geäußert; doch ihr Herz habe sich im Umgang mit ihrer Krankheit verändert. Zurück in ihrer Gemeinschaft in Besles bei Beauvais habe sich dann am Ende eines Gebets eine Wärme und Entspannung in ihr ausgebreitet; das war der Moment der Heilung. Danach habe sie alle Hilfsmittel wie Korsett, Beinschienen und Stromimpulse ablegen können. Seit 1987 konnte sie nicht mehr gehen und wurde 2008 von ihrer langjährigen Lähmung geheilt; Ärzte könnten den Heilungsprozess in der Folge einer Lourdes-Wallfahrt nicht medizinisch begründen.

Für eine kirchlich bestätigte Heilung gibt es derzeit eine dreistufige Prüfung. In einem ersten Verfahren wird mit Blick auf die Krankengeschichte festgestellt, ob es sich um eine „unerwartete" Heilung handelt. In einem zweiten Schritt wird geklärt, ob es eine „bestätigte" Heilung ist. Erst in einem dritten Schritt wird der „außergewöhnliche Charakter" der Heilung anerkannt. Ein „Wunder" kann danach nur vom zuständigen Ortsbischof festgestellt werden.

Viel „Wunderbares" gäbe es noch zu erzählen, das würde wohl Bibliotheken füllen. Die Wunder, ob sie nun kirchlich anerkannt sind oder nicht, bringen immer Heilung des ganzen Menschen. Das Angebot in der christlichen Seelsorge ist vielfältig. Es liegt am Menschen, damals wie heute, mit Glaube und Vertrauen seinen Weg mit Gott zu gehen, um Frieden und Heilung zu erfahren.

Judentum, *„Von Krankheit zu völliger Genesung"*

Die jüdische Heilige Schrift, der Tanach, besteht aus drei Büchern: Thora (hebräisch
für "Weisung"), Nebi'im ("Propheten") und Ketubim ("Schriften"). Außerdem gibt es den
Talmud, die rabbinische Auslegung der Thora und ihrer Gesetze. Mittelpunkt und Quelle des jüdischen Lebens ist die Thora. Einzelne Texte des Alten Testaments stimmen
auch mit den Heiligen Schriften des Judentums überein.

Yizhak Ahren [76], „Von Krankheit zu völliger Genesung": Eine Bracha, in der es um
die Heilung von Seele und Körper geht, finden wir im zentralen Achtzehngebet
(bekannt als „Ami- da"), das ein Jude an gewöhnlichen Wochentagen – also nicht am
Schabbat und an Feiertagen – dreimal täglich rezitiert. Die achte Bracha der Amida
lautet:

**„Heile uns, Ewiger, so werden wir geheilt, hilf uns, so wird uns geholfen, denn du
bist unser Ruhm. Und bringe vollkommene Heilung für unsere Leiden, denn Du,
Gott, bist ein König, der zuverlässig und barmherzig heilt. Gelobt seist Du, Ewiger,
der Du die Kranken Deines Volkes Israel heilst."**

In diesem Segensspruch wird für jeden Kranken, an welcher Krankheit er auch leiden
mag, gebetet – sowohl Leib als auch Seele sollen ihm gesunden. Rabbiner Shimon
Schwab übersetzt die Aussage des ersten Satzes, der auf Jeremia 17,14 basiert, in eine
moderne Sprache:

**„Wenn ich geheilt bin,
werde ich nicht den Arzt loben noch die Medikamente,
sondern DICH, denn DU hast mir geholfen."**

Erwähnenswert ist, dass die Möglichkeit besteht, in die achte Bracha der Amida ein
Gebet für einen bestimmten Kranken einzuschalten.

Schulchan Aruch: Um den drohenden Tod eines Schwerkranken abzuwenden, unternehmen Juden, indem sie den Namen des Kranken ändern; dieser Brauch ist im
Schulchan Aruch erwähnt (Glosse von Rabbiner Mosche Isserles zu Jore Dea 335,10). Die
entsprechende Zeremonie nennt man »Schinui Schem«.

Bei einer solchen Namensänderung spricht die Gemeinde zuerst einige Psalmen, dann
sagt man das folgende Gebet: „Und ist auch in Deinem gerechten Gericht der Tod über
ihn (den Kranken) beschlossen, so haben doch unsere heiligen Lehrer gesagt, dass drei
Dinge das über einen Menschen beschlossene Verhängnis abzuwenden vermögen, wovon eines die Namensänderung ist. Und so haben wir ihre Worte erfüllt und seinen Namen geändert. Er ist ein anderer, er ist nicht mehr der, welcher mit dem ersten Namen
genannt wurde. Wie sein Name geändert, so möge das Verhängnis sich für ihn wandeln
von Recht in Erbarmen, von Tod zu Leben, von Krankheit zu völliger Genesung." In der
Praxis gibt man den Erkrankten einen zusätzlichen Namen. So wird zum Beispiel aus einem Awraham ein Raphael Awraham und aus einer Rachel eine Chaja Rachel. Leben

60

die Erkrankten dann mehr als 30 Tage mit ihrem neuen Namen, so bleibt dieser nach der Gesundung bestehen und soll später sogar auf dem Grabstein verzeichnet werden.
Yizhak Ahren [77]

Islam, Gebet und Heilung

Das wichtigste Buch der Muslime ist der Koran. In ihm stehen die Botschaften und Mitteilungen von Allah an die Menschen. Sie heißen Offenbarungen. Heilig sind im Islam jedoch nur Allah und die Kaaba. Der Koran gilt "nur" als wichtige Schrift. Neben dem Koran gibt es die Sunnah. Das ist eine Sammlung von Berichten. Sie heißen Hadithe und beschreiben, was Mohammed in verschiedenen Situationen gesagt und getan hat. Der Prophet ist für Muslime ein großes Vorbild. Daher richten sich viele Gläubige in ihren Handlungen nach den Hadithen. [78]

In den Büchern der Sunnah wurde berichtet, dass der Gesandte Allahs zum Gebet eilte, wann immer ihn eine Angelegenheit beunruhigte. Und zuvor wurde das Konzept erklärt, die meisten Leiden durch das Gebet zu heilen, bevor man zu anderen Wegen der Behandlung übergeht:

1 Das Gebet ist etwas, das bewirkt, dass man Versorgung (Rizq) erhält.
2 Es ist etwas, das die körperliche Gesundheit bewahrt.
3 Es hält schädliche Dinge fern.
4 Es verwirft Krankheit.
5 Es stärkt das Herz.
6 Es erhellt den Gesichtsausdruck.
7 Es erfreut die Seele.
8 Es befreit von der Faulheit.
9 Es aktiviert die Gliedmaßen.
10 Es erhöht der körperliche Stärke.
11 Es erweitert die Brust (schenkt Wohlsein und Einsicht).
12 Es ist Nahrung für die Seele.
13 Es erleuchtet das Herz.
14 Es bewahrt die Segnungen.
15 Es wehrt Katastrophen ab.
16 Es bringt Segen.
17 Es hält den Schaytan fern.
18 Es bringt einen näher zu Ar-Rahmaan (dem Allerbarmer). [79]

Ibn Qayyim al-Jawziyyah: „Und insgesamt hat es einen erstaunlichen Effekt auf die Gesundheit des Körpers und des Herzens, und es stärkt sie und vertreibt Schadstoffe. Keine zwei Menschen sind betroffen von Behinderung, Krankheit oder anderen

Heimsuchungen, ohne dass die Schwere desjenigen, der betet, kleiner ist und ihr Ausgang reiner.

Außerdem hat das Gebet einen erstaunlichen Effekt auf das Übel der Dunya* und wie es dies abwehrt, vor allem wenn das Gebet ordnungsgemäß und komplett verrichtet wird, sowohl innerlich als auch äußerlich. Nichts hält so die Übel der Dunya* ab und bringt ihre Nutzen hervor wie das Gebet.
*Ad-Dunya, die Welt, das diesseitige Leben, wurde aus zwei Gründen „Dunya" genannt: 1. Sie ist näher als das Jenseits und 2. Sie ist Nichts im Vergleich zum Jenseits. Ein Platz im Paradies in der Länge einer Peitsche ist besser als die ganze Welt und das, was auf ihr ist.

Der Grund dafür ist, dass das Gebet die Verbindung zu Allah, dem Allmächtigen und Majestätischen, ist. Also werden gemäß der Stärke der Beziehung einer Person zu ihrem Herrn, dem Allmächtigen und Majestätischen, die Tore des Guten für sie geöffnet, schlechte Dinge und die Ursachen dafür, dass sie davon befallen ist, werden ausgeschaltet, und die Elemente des Erfolges, die von ihrem Herrn, dem Allmächtigen und Majestätischen, garantiert wurden, beginnen einzufließen, zusammen mit Sicherheit und guter Gesundheit, Wohlstand und weltlichem Reichtum, Entspannung, Glückseligkeit, Freude. Und alle Arten von erfreulichen Angelegenheiten werden ihr gebracht, und zudem noch in vorteilhafter Art." *Ibn Qayyim al-Jawziyyah* [80]

Buddhismus und Heilung

Bettina Wiegand [81]: Allen gemein ist ein ganzheitliches Verständnis des Menschen an sich und des Menschen in seiner Umgebung. In der vedischen Heilkunde wird immer die wechselseitige Abhängigkeit von Körper, Geist und Seele berücksichtigt, um einen ausgeglichenen Zustand zu erreichen.
Das vedische Wissen Indiens ist zeitlos und hat seinen Ursprung in den uralten Sanskrit-Texten Indiens, die alle Bereiche des menschlichen Wissens abdecken. Dazu gehören Kunst, Architektur (Vastu), Heilkunde (Ayurveda), Yoga, vedische Psychologie, Astrologie (Jyotisch), Kochkunst und viele andere Bereiche des Lebens.
Veda bezeichnet also den Kenntnisstand der indischen Kultur seit über 5.000 Jahren. Dieses Wissen ist in verschiedene Kulturen eingegangen. Viele daraus abgeleitete Lehren und Techniken haben bis heute überdauert. Ein Beispiel ist die Heilkunst Ayurveda, was wörtlich übersetzt bedeutet: die Kunst vom langen Leben.
Wie auch Hinduismus und Taoismus ist Buddhas Lehre eine Erfahrungsreligion. Ziel ist die Entfaltung des eigenen Geistes, die "Buddha-Natur" zu erlangen. Damit ist gemeint, dass in jedem Menschen die Fähigkeit zur Erleuchtung bereits vorhanden ist. Der Weg dorthin führt über Selbstständigkeit und Eigenverantwortung des Menschen. Im Buddhismus gibt es daher wenig Vorschriften von außen. Buddhas Belehrungen sollen bewusst hinterfragt und durch die eigenen Erfahrung überprüft werden.

62

Unsere Unwissenheit und das Nichtverstehen ist die Ursache allen Leidens. Aber was verstehen wir nicht? Unser ungeübter Geist ist unfähig wahrzunehmen, dass Seher, Gesehenes und Sehen sich gegenseitig bedingen. Sie existieren nicht unabhängig voneinander und auch nicht alleine aus sich heraus. Buddhas Erklärungen decken sich übrigens mit den Erkenntnissen der Relativitätstheorie und Quantentheorie, nach denen die Eigenschaften der Materie abhängig vom Beobachter sind. (Siehe auch Kap. 4 Die Dimensionen des menschlichen Bewusstseins. Forschungen im Grenzbereich von Bewusstsein und Materie.)

Zum Thema Heilung und Gesundheit in der Zeitschrift „Tibet und Buddhismus im Westen" führt Birgit Stratmann [82] aus: „Fitness, Wellness und Schönheitschirurgie stehen derzeit hoch im Kurs. Fast hat es den Anschein, dass die Sorge um den Körper proportional mit dem Stress zunimmt, dem wir heutzutage ausgesetzt sind. Je mehr Stress wir erleben und weniger wir ‚bei uns' sind, um so größer ist die Tendenz, sich angestrengt um das körperlicher Wohl zu sorgen.

Doch sind wir dadurch glücklicher? Für den Buddha sind Körper und Geist gleichermaßen mit Leiden behaftet. Sie bilden die Grundlage für die schlimmsten menschlichen Leiden: Altern, Krankheit und Tod. Da wir momentan aber nur diesen mit Makeln befleckten Körper und Geist zur Verfügung haben, ist es gut, sich um beide zu kümmern. Ein gesunder Körper bildet die Voraussetzung für die geistige Entwicklung und Meditationspraxis. Die Geistesschulung wirkt sich positiv auf das körperliche Wohlbefinden aus und ist das Mittel, um stabiles, dauerhaftes Glück zu erreichen.

Dass Heilung mehr beinhaltet als das Kurieren vorübergehender Krankheit schildert Lama Zopa Rinpoche in seinem Text: Eine umfassende Heilung, wie er sie als buddhistischer Meister versteht, muss aus dem Geist kommen. Der tibetische Meister weist insbesondere auf die heilende Kraft der Meditation über Liebe und Mitgefühl hin.

In der tibetischen Medizin werden Körper und Geist als Einheit verstanden. Wenn der Arzt die körperlichen Elemente durch verschiedene Methoden von der Moxibustion bis hin zur Ernährung wieder ins Gleichgewicht bringt, wirkt sich das notwendigerweise auch auf den Geist aus. Die Wirkung ist jedoch nur von kurzer Dauer, wenn der Patient seinen gewohnheitsmäßigen schädlichen Einstellungen nicht per Geistesschulung entgegen wirkt."

6.2.3.   Schamanismus und Heilung [83]

Es gibt ihn wirklich, diesen Ort, jenseits von allen Wirklichkeiten und jenseits von dem, was richtig und falsch ist, und wir treffen uns dort ...
Rumi

Der Ausdruck Schamanismus stammt aus dem Tungusischen und meint eine Person - Frau oder Mann, die absichtsvoll veränderte Bewusstseinszustände aufsucht, um „Reisen" in andere Wirklichkeiten zu unternehmen. Laut traditioneller schamanischer Kosmologie gibt es in der „Nichtalltäglichen" Wirklichkeit zwei Hauptbereiche, die Obere und die Untere Welt. Auf diesem Weg wird es möglich, eigene spirituelle Ressourcen sowie Kraft und Lebensfreude zu finden, und dadurch das eigene Leben, wenn notwendig, zu verändern und zu lernen, wie man anderen helfen kann.

Für mich persönlich sind die Methoden des Core-Schamanismus in sich logisch und gut anwendbar. Dem Anthropologen Michael Harner, Gründer der Foundation for Shamanic Studies (FSS) ist es gelungen, aus den weltweiten schamanischen Heiltechniken einen für die westliche Welt guten Rahmen mit klaren Ausdrücken sowie grundlegenden Prinzipien und Techniken des Schamanismus zu schaffen, auch Core-(„Herz"-) Schamanismus genannt. Er definiert sich weder über eine bestimmte ethnische Gruppe noch über bestimmte weltliche und religiöse Anschauungen; das schamanische Wissen kann von jeder Frau und jedem Mann erlernt werden – ganz gleich, woher, wie alt und aus welchem Berufsfeld. In den Seminaren der FSS wird der schamanische Bewusstseinszustand durch verschiedene klassische Techniken, wie zum Beispiel das monotone Trommeln, erreicht. Dazu braucht es keine Drogen, die bei den schamanisch Tätigen der indigenen Völker oft üblich sind.

Im Schamanismus gilt die Überzeugung, dass alles auf dieser Welt beseelt ist; somit kann man mit den Seelen oder Geistern aller Wesenheiten, wie Tieren, Pflanzen und Dingen, in Verbindung treten und auch mit ihnen arbeiten. Jeder Mensch besitzt ein Krafttier, vielleicht vergleichbar mit dem Schutzengel-Konzept, das seine Vitalkraft darstellt, ihn beschützt, unterstützt und ihm Kraft gibt. Die Schamanin oder der Schamane spricht auch nicht von schlechten oder bösen Energien, sondern diese können lediglich an falscher Stelle sein und damit Krankheiten auslösen. Zudem gibt es den "Seelenverlust", ein traumatisches Ereignis, bei dem ein Teil der eigenen Seelenenergie in die „Nichtalltägliche Wirklichkeit" geflohen ist, um ihrer Trägerin oder ihrem Träger in dieser Extremsituation das Überleben zu ermöglichen. Die späteren Folgen eines solchen Seelenverlustes können Antriebslosigkeit, Depressionen, Ängste und körperliche Erkrankungen sein.

Finden nun in einer schamanischen Sitzung auf Wunsch von Klientinnen und Klienten Heilrituale statt, die einen solchen Seelenanteil zum Zurückkommen einladen, so kann das eine effektive Ergänzung zu einer Psychotherapie bilden, die therapeutische Behandlung jedoch nicht völlig ersetzen.

Die schamanisch Praktizierenden entscheiden selbst, wie und wo sie ihr erlerntes Wissen anwenden. Welchen Weg sie auch beschreiten, Mitgefühl und Achtung für alle Lebewesen ist von entscheidender Bedeutung. Die Schamanen sind sich der Kraft ihrer hilfreichen Geister bewusst und wenden sie so an, dass tatsächlich Heilung geschieht. Ihre Persönlichkeit stellen sie in den Hintergrund, sie werden sozusagen zum „hohlen Knochen".

Grundlegend für jede Heilarbeit ist auch das Einverständnis der Klientin / des Klienten. Etwas unerwünscht gegen den Willen des Klienten zu unternehmen, ist unethisch und grenzt an Zauberei. Jeder Mensch hat das Recht, selbst über die Angelegenheiten seiner Seele zu bestimmen, jeder hat das Recht auf seinen eigenen Weg ohne unerlaubte Einmischung. Bei komatösen Personen ist üblicherweise die Einwilligung naher Familienangehöriger notwendig. Gleiches gilt im Falle von sogenannter „Psychopompos-Arbeit" für die Seelen Verstorbener - eine Seele ist eine Seele, egal, ob die eines Lebenden oder die eines Verstorbenen. Bei der Arbeit mit Kindern unter zwölf Jahren benötigt man die Einwilligung eines Erziehungsberechtigten und - je nach Reifegrad - auch die des Kindes, zudem sollte ein Elternteil bei der Sitzung anwesend sein.

Auch Nicht-Schamanen können gelegentlich spontan in diese „Nichtalltägliche-Wirklichkeit" geraten, wie z. B. im Traum. Im Unterschied dazu sind die Absicht der Schamanen entscheidend, um Heilung in die Alltagswirklichkeit zu bringen.

Zahlreiche heute noch bestehende, schamanisch orientierte Kulturen finden sich in Südamerika, Sibirien, Asien und Afrika, aber auch vereinzelt Reste in Island, Irland, Grönland und in anderen europäischen Ländern. Fast nirgendwo auf der Welt wie in Europa wurden schamanisch arbeitende Frauen und Männer im Mittelalter so intensiv verfolgt, hingerichtet und ausgerottet. Anders als bei den Tuvas in Sibirien bei denen das schamanische Wissen über Generationen innerhalb der Familien bis heute ununterbrochen weitergegeben wird. Interessant ist, dass in den postkommunistischen Gesellschaften der Schamanismus nicht nur überlebt hat, sondern eine Renaissance als kulturelles und religiöses Phänomen erfährt. Ärzte gründen schamanische Kliniken - wie z.B. in Jakutsk. Dort begann Frau Dr. Aleksandra Tshirkova, eine in der Sowjetunion ausgebildete Chirurgin und Tochter eines berühmten Schamanen, in ihrer Poliklinik mit den Ärzten für die Heilung ihrer Patienten zusätzlich mit schamanischen Techniken zu arbeiten. Schon am Tag der Eröffnung fanden sich zahlreiche Klienten und Patienten ein; denn Städter wie Landbevölkerung halten die schamanische Praxis gleichermaßen für effektiv. Oder wie in Almaty, der Hauptstadt der zentralasiatischen Republik Kasachstan: Dort wurde 1992 eine Klinik eröffnet, und 2002 praktizierten dort bereits dreißig Schamanen, davon waren zwanzig Frauen. Selbst im kommunistischen China konnten die schamanischen Praktiken überleben, und in Japan gibt es Prophetinnen, die eine allumfassende schamanische Religion ausüben. Barbara Tedlock beschreibt noch Traditionen in vielen weiteren Ländern. [84]

6.3.   Heilmethoden des neuen Zeitalters

Gibt es „die" Heilmethoden des neuen Zeitalters oder werden einfach alte bewährte Heilmethoden als sogenannte „neue" deklariert? Aus der Vielfalt der angebotenen Heilmethoden kommt der Mensch nicht umhin, selbst zu beurteilen, was ihmGesundheit, Kraft und Freude bringt. Durch Hightech- und Highspeed-Geräte auch im Gesundheitsbereich können meistens verhältnismäßig schnell etwaige Krankheiten erkannt werden. Die Herausforderung ist immer den ganzen Menschen im Blick zu haben. Für welche Behandlungsmethode der Mensch sich schließlich entscheidet, ist dem Einzelnen überlassen. Auch im Klinikbereich kann er die Verantwortung nicht dem Arzt überlassen, mit seiner Unterschrift gibt er die Einwilligung oder er lehnt sie ab.

Das Potential der Heilmethoden auf dem Weg zur Gesundheit ist viel groß und vielfältig. Auch hier gilt, der Mensch entscheidet sich für einen Weg, den er für sich momentan für stimmig empfindet und was ihm zufällt, ist aller Wahrscheinlichkeit nach kein Zufall! Wesentlich für eine ganzheitliche Heilung ist immer der Glaube (siehe Kap. 6.2.1. Der Glaube) und das Vertrauen an die höchste Kraft, die hilft und heilt. Im Grunde führen doch alle Wege zu dem einen Ziel und die Methode ist sekundär.

6.3.1.   Heilung durch die Natur

„Hinaus in die Natur, hinein in mich selbst. In den Bergen überfluten mich keine ‚Bad News', er ist nicht digitalisiert, der Berg erzählt seine eigene Geschichte in Echtzeit. Dieses Reduzierte und Mächtige ließ mich nicht mehr los und einen Schritt nach dem anderen gehen. Ich ging rauf, um runterzukommen. Immer wieder. Drei Jahre später stand ich auf dem Dom (4.545 m) dem höchsten Berg, der ganz auf Schweizer Boden steht. Ich konnte kaum glauben, was ich sah – zu schön war dieses Bild, das die Natur malte. Als wir nach einer bitterkalten Nacht die Nebeldecke durchbrachen, färbte die aufgehende Sonne die Gipfel leuchtend orange…". *Marlies Czerny* [85]
erzählt von ihrem Neubeginn nach einer Kindheit, in der sie als Tochter eines Kirchenwirtes Backhendl servierte und wie sie von ihrem späteren Traumberuf als Journalistin zum Workaholic wurde. Als der Weg zum Ziel wurde, erklomm sie alle Viertausender – das sind zweiundachtzig - der Alpen mit Dankbarkeit und voll Freude.

Oder die vielen Pilgergeschichten, wie meine eigene auf den Jakobswegen und dem Romweg. Meine Freundinnen und Freunde sangen mir zum Abschied das Lied:

> **„Auch eine Reise mit tausend Meilen,**
> **fängt mit dem ersten Schritt an …**
> **vertraue und gehe … vertraue und gehe …"**

Unvorstellbar weit war das Ziel entfernt, als ich los ging. Erst als ich das Unmögliche aus meinen Gedanken wegschob und jeden Tag neu begrüßte, begann ich zu gehen, fühlte mich leichter und bekam die Kraft für anstrengende Etappen. Ich fühlte mich behütet und begleitet. Auch bei aussichtslosen Situationen war immer nur der nächste Schritt möglich, das Akzeptieren des Gegebenen, die Freude wieder ein Stück erreicht zu haben, brachte mich ans Ziel. Ich musste niemandem etwas beweisen, wusste weder genau, wie viele Kilometer ich täglich schaffte, noch hatte ich einen Schrittzähler bei mir. Wenn ich auch kurze Strecken manchmal mit dem Bus fuhr, freute ich mich schon wieder auf das Gehen in der Natur. Der Friede und das Gute „pace et bene" (Franz von Assisi begrüßte mit „pace et bene" die Menschen) war da, jetzt endlich greifbar.

Dankbar erfahre ich auch über das Internet, dass sich Menschen versammeln, online und persönlich, um Schritte zu setzen, dass unsere Erde wieder zu einer wunderbaren Wohnstätte für alle Lebewesen wird. Eine Internetadresse von vielen, wo man sich bemüht die Menschen aufzuklären, ist www.initiative.cc:

„Unsere Erde ist keine Maschine, sondern ein Organismus - ein lebendiges System, ein Ökosystem so wie jeder Mensch. Und jedes lebendige System ist etwas Göttliches. Die Weisheit der Indianer, dass alles Leben heilig und göttlich ist, jedes Tier, jede Pflanze und auch der Mensch rückt auch für uns immer näher ins Bewusstsein. Wenn ein Indianer einen Baum fällt, weil er ihn braucht, um ein Boot daraus zu bauen, dann bittet er zuvor den Baum bei Tanz und Gesang um Verzeihung. In Nordjapan bitten auch heute noch einige Fischer, bevor sie frühmorgens aufs Meer zum Fischen fahren, die Fische um Vergebung. Ehrfurcht vor dem Leben. Der Holzfäller ging in unsere Wälder und machte das Kreuz auf den Baum. Der Baum als Lebewesen wurde wahrgenommen und als solches behandelt. Achtung und Dankbarkeit für das Holz, das er den Menschen gibt. Das ist wohl auch der tiefere Sinn des Tischgebets vor oder nach dem Essen." [86]

Gott schläft im Stein, atmet in der Pflanze,
träumt im Tier und erwacht im Menschen!
Rabindranath Tagore

Der Mensch kann ohne die Schöpfung Gottes weder leben noch bestehen. In allem Tun soll der Mensch in einer ehrfürchtigen Beziehung als Geschöpf Gottes auf der Erde mit der Schöpfung leben und in lauterer Gesinnung den Urheber allen Seins verehren, es ist unser Vater-Mutter-Gott, der alles erschuf. In dieser großen Familie wird die Erde liebevoll auch „unsere Mutter" genannt, die mit der göttlichen Lebenskraft uns alle ernährt, unabhängig ob Mensch oder Tier oder Pflanze. Unabhängig von Kultur und Rasse, wird ausgeteilt, unermesslich und unerschöpflich in ihrem Reichtum. Vielleicht ist es die Gestalt der Mutter Erde, dargestellt als Venus von Willendorf mit ihrer Üppigkeit und Wohlleibigkeit. Hier geht es nicht um ideale Körpermaße, sondern um eine Darstellung des Reichtums der Erde. Der Granatapfel ist ein altes Symbol der Fruchtbarkeit und der Freigiebigkeit. Seine vielen Kerne haben alle das Potential für einen Baum. Wer mit offenen Augen und dankbarem Herzen durch die Natur geht, sieht überall diesen unermesslichen Reichtum. Wir dürfen mit Dankbarkeit und Freude die Schätze der Natur annehmen und weiter schenken in einem ständigen Geben und Nehmen – es ist für alle genug da.

Der Mensch ist von Natur aus gut.
Es liegt allein am Menschen,
wenn er seine Natur in ihr Gegenteil verkehrt,
indem er seinem Fleisch die Zügel schießen lässt.

Hildegard von Bingen

Hildegard von Bingen verfasste den „Liber Vitae Meritorum", Der Mensch in der Verantwortung, das zweite große Visionswerk. [87] Inhaltlich geht es um den Konflikt zwischen Gut und Böse, zwischen Tugenden und Lastern sowie um die Rückbesinnung des Menschen auf seine Gottebenbildlichkeit.

So „schaute" Hildegard die Gestalt der Hartherzigkeit mit großen schwarzen glotzenden Augen, die ohne sich zu bewegen in der Finsternis verharrte und sprach: „Ich habe nichts hervorgebracht und niemanden ins Dasein gesetzt. Warum sollte ich mich um etwas bemühen oder kümmern? Das werde ich schön bleiben lassen. Ich will mich für niemanden einsetzen, als auch er mir nützlich sein kann. Gott, der alles geschaffen hat, der soll für sein All Sorge tragen! Würde ich immer solches Mitleid in mir hegen, dass ich gar nicht zur Ruhe käme, was würde dann von mir selber noch übrig bleiben? Was für ein Leben müsste ich führen, wenn ich auf alle Stimmen der Freude oder der Trauer antworten wollte! Ich weiß nur von meiner eigenen Existenz."

Ihr antwortet die Barmherzigkeit:
„O du versteinertes Wesen! Die Kräuter bieten einander den Duft ihrer Blüten; ein Stein strahlt seinen Glanz auf die andern und jede Kreatur hat einen Urtrieb nach liebender Umarmung. Auch steht die ganze Natur dem Menschen zu Diensten, und in diesem Liebesdienst legt sie ihm freudig ihre Güter ans Herz.
Ich aber bin in Luft und Tau und in aller grünenden Frische ein liebliches Heilkraut. Übervoll ist mein Herz, jedem Hilfe zu schenken. Mit liebendem Auge berücksichtige ich alle Lebensnöte und fühle mich allem verbunden. Den Gebrochenen helfe ich auf. Eine Salbe bin ich für jeden Schmerz." *(LVM)*

Die Erde mit der ganzen Natur wird als die Apotheke Gottes angesehen.

Die Elemente heilen uns, ohne etwas zu verlangen und bringen Gesundheit für Geist und Körper: Wie der tägliche Spaziergang in frischer Luft, der die Lungen säubert und den Kopf frei macht; das reine Wasser stärkt und reinigt den Körper; das Feuer wärmt uns: eine Stunde beim offenen Feuer zu sitzen, bringt uns wieder ins Gleichgewicht; barfuß zu gehen, wo immer es geht, die Erde zu spüren, ist heilsam und immunstärkend.

Jeder kommende Frühling,
der die Sprösslinge der Pflanzen aus dem Schoße der Erde treibt,
gibt mir Erläuterung über das bange Rätsel des Todes und
widerlegt meine ängstliche Besorgnis eines ewigen Schlafs.
Friedrich Schiller, Philosophische Briefe: Theosophie des Julius,
Die Welt und das denkende Wesen

Tiere, unsere Freunde

Nur ein Beispiel von vielen Tiergeschichten: In der Forschungsarbeit des Baker Medical Research Institutes in Melbourne in Australien wurde an 6.000 Probanden von Ärzten bestätigt, dass die Menschen, die Haustiere besitzen, im Durchschnitt einen niedrigeren Blutdruck und einen geringeren Anteil Cholesterin im Blut haben, und somit auch ein niedrigeres Herzinfarktrisiko. Ferner wurde festgestellt, dass auch die Menschen, die einen Herzinfarkt erlitten haben, mit größerer Wahrscheinlichkeit nach einem Jahr noch leben werden, wenn sie sich nach dem Infarkt ein Tier anschaffen und sich mit ihm beschäftigen. Haustiere beruhigen uns, heißt es, sodass wir durch sie ein plötzliches Ansteigen des Blutdrucks vermeiden können, und somit auch das Risiko eines erneuten Herzanfalls. *Drago Plečko* [88]

Der Wert der Vielfalt

Der Mensch braucht nicht weit zu suchen und in der Pflanzenbestimmung ein Profi zu sein, denn zwischen Haustür und Gartentor finden sich viele Heilkräuter und Zauberpflanzen, erzählt Wolf-Dieter Storl [89]. Bei ihm werden die oft vergessenen Heilpflanzen gewürdigt, wieder in Erinnerung gebracht und der Mensch wird ermuntert, sie auch zu verwenden.

Die gesamte Vielfalt aller Arten von Lebewesen, Ökosystemen usw., auch Biodiversität genannt, ist auch einer der Schwerpunkte in der Pflanzenforschung. Dr. Klaus Minol [90] über den Wert der Vielfalt: In den Natur- wie in Agrarlandschaften schwindet die Biodiversität, das könnte nicht nur für die Nahrungssicherheit gravierende Folgen haben. Etwa 380.000 Pflanzenarten gibt es auf der Welt, schätzt die International Union for Conservation of Nature and Natural Resources. Das „Lehrbuch der Botanik an Hochschulen" spricht sogar von einer halben Million beschriebener Pflanzenarten und geht von einer großen Zahl nicht erfasster Arten aus. Neuere Schätzungen sprechen zum Beispiel von 300.000, die unsere Welt begrünen. Wie auch immer die tatsächliche Anzahl aussieht, sicher ist, dass aufgrund gefährdeter Lebensräume ein Fünftel aller Pflanzenarten vor dem Aussterben steht. Ursächlich für diese Bedrohung sind vor allem die Abholzung von Wäldern, die Trockenlegung von Feuchtgebieten sowie sich ausdehnende landwirtschaftliche Nutzflächen und Städte.

Tagtäglich erfahren wir neue Inhalte in der Pflanzenforschung, trotzdem gibt es noch viel Unverständnis, was angesichts der nachgewiesenen Tatsachen nicht nachvollziehbar ist. Gleichgültigkeit, Desinteresse, Gedankenlosigkeit oder Ablehnung bewegen viele Menschen zu Aussagen wie: „Ich mag kein Unkraut in meinem Garten" oder „Was soll ich mit so viel Laub, das macht nur Arbeit" oder „Bedrohte Arten sind für mich nicht relevant" oder „Viele von den aussterbenden Pflanzen kenne ich nicht und es wird schon zum Kreislauf der Natur dazugehören". Um diese und andere solche irreführenden Einwände auszuräumen, bemühen sich seit Jahrzehnten Forscher, das Ausmaß der Artenvielfalt zu erfassen und ihren Wert zu quantifizieren.

Genetische Vielfalt ist zudem ein Schutz vor Schädlingen und Krankheiten: Heute hängen zwei Drittel der Welternährung von nur sechs Kulturpflanzenarten ab. Eine einzelne neu aufkommende Krankheit, die sich schnell ausbreitet, könnte große Teile der Ernten zerstören. In der Vergangenheit ist das durchaus schon geschehen. Je vielseitiger die angebauten Arten sind – und innerhalb der Arten die Sorten –, desto geringer fällt der Verlust durch einen einzelnen Schädling aus.
Lebensbehindernde irrige Meinungen und Einstellungen können jederzeit durch kraftvolle Lebensbejahende ausgetauscht werden. Freuen wir uns, wir haben die Macht.

"Keines verbleibt in derselben Gestalt, und Veränderung liebend schafft die Natur stets neu aus anderen andere Formen, und in der Weite der Welt geht nichts - das glaubt mir - verloren; Wechsel und Tausch ist nur in der Form. Entstehen und Werden heißt nur anders als sonst angefangen zu sein, und Vergehen nicht mehr sein wie zuvor. Sei hierhin jenes versetzt, dieses vielleicht dorthin: Im Ganzen ist alles beständig. Unter dem selbigen Bild - so glaub' ich - beharrt auf die Dauer nichts in der Welt." *Ovid, "Metamorphosen"*

Mischkulturen [91]

Längst nicht zu Ende erforscht ist auch das Potential der Mischkulturen. Darin werden verschiedene Nutzpflanzenarten zusammen angebaut, die voneinander profitieren. Baut man beispielsweise Körnererbsen und Sommergerste auf diese Weise an, ist der kombinierte Kornertrag bis zu 20 Prozent höher als beim alleinigen Anbau der Gerste. Eine Mischkultur aus Lupinen und Sommergerste steigert den Ertrag sogar um gut 40 Prozent.
Doch nicht nur der Ertrag gewinnt durch die Mischkultur. Kombinieren zum Beispiel Landwirte Linsen mit Gerste oder Hafer, steigt die Höhe der Linsen von 30 auf 50 Zentimeter und erleichtert die Ernte. Gleichzeitig sinkt das Anbaurisiko in trockenen Jahren und auch in feuchten ist die Getreideernte um so besser. Schwierig an Mischkulturen kann allerdings der oftmals unterschiedliche Zeitpunkt der Reifung sein. Gemessen daran, dass Mischkulturen schon bei den Mayas – speziell die Kombination Kürbis, Mais und Bohne – bekannt waren, erstaunt es, wie wenig sich das Prinzip in der modernen

Landwirtschaft etablieren konnte. Mit Sicherheit schlummern in der Vielfalt der Pflanzen noch zahlreiche, bislang unbekannte Kombinationsmöglichkeiten.

**Weisheit und Liebe bauen die Welt seit Ewigkeit und
schaffen Frühlingsauen aus Nacht und Winterzeit,
all überall walte ihr Zauber fort,
verjünge das Alte und zwinge das Kalte mit feurigem Wort!**
Hermann Lingg

6.3.2. Klang, Musik und Bewegung

Die Seele selbst ist das Lied

Als Gott nach seinem Bilde eine Gestalt aus Ton geschaffen hatte, bat er die Seele, sie möge da hineingehen. Die Seele jedoch weigerte sich, gefangen zu werden, denn es ist ihr Wesen, frei herumzufliegen und nicht begrenzt oder an irgendeinen Raum gebunden zu sein. So verspürte die Seele nicht die geringste Lust, den Körper zu bewohnen. Da bat Gott die Engel, ihre Musik erklingen zu lassen und zu singen. Als die Engel sangen und spielten, hörte die Seele dem Lied zu. Durch diese Klänge bezaubert und weil sie die Musik mit allen Sinnen noch stärker erleben wollte, war sie bereit, den Körper zu beseelen.

**Das Singen ist die eigentliche Muttersprache aller Menschen,
denn sie ist die natürlichste und einfachste Weise,
in der wir ungeteilt da sind und uns ganz mitteilen können -
mit all unseren Erfahrungen, Empfindungen und Hoffnungen."**
Yehudi Menuhin, Zur Bedeutung des Singens

Heilende Kraft des Singens

Heilsames Singen mit anderen ist ein „Gesundheitselixier" für Körper, Geist und Psyche. Das zeigen alte Erfahrungen ebenso wie neue wissenschaftliche Erkenntnisse. Singen stärkt das Immunsystem, die Durchblutung und den Stoffwechsel. Der Organismus schüttet beim Singen „Glückshormone" aus, die die Stimmung aufhellen und beim Stressabbau helfen. In Singgruppen werden einfache Lieder mit wunderbaren Texten aus verschiedenen Religionen und Kulturen gesungen.

Es gibt keine Fehler, nur Variationen!
Maria Schöpfer-Schiestl & Bernhard Schöpfer [92]

Durch das Wiederholen der Lieder, bis sie „by heart" (auswendig) sind, werden die Menschen von den Melodien und Texten berührt. Die Wirkung des Singens wird durch

Gesten oder einfache Tanzformen verstärkt. Stimmübungen und Sequenzen des gemeinsamen Tönens lassen das Vertrauen in die eigene Stimme stärken.

Der Stille und dem Klang Raum geben.
Dem Raum Klang.
Dem Klang in uns Raum.
Bis sie singt, die Stille.
Ingeborg Spiegel

W. Bossinger begründete 2009 „Singende Krankenhäuser" und leitet in Kooperation mit singenden Krankenhäusern e. V. Prof. Dr. Stephen Clift und Prof. Dr. Gunter Kreutz ein Forschungsprojekt an elf Kliniken und weiteren Gesundheitseinrichtungen zu den gesundheitsfördernden Wirkungen des Singens in Deutschland. Aktuelle Erkenntnisse aus Forschung und Praxis fließen in die Optimierung ihrer Weiterbildungen und Seminare ein. Wolfgang und Katharina Bossinger ermutigen die Menschen, sich mit ihrer Stimme gesanglich auszudrücken, um die gesundheitsfördernden und herzöffnenden Wirkungen zu erleben.

„Einige Leute sagen,
die Seele sei in den Körper hineingegangen,
weil sie dieses Lied hörte;
in Wahrheit aber ist die Seele selbst das Lied."
Sufi-Geschichte

Lied ist Energie und somit auch Materie. Der „Klang des Daseins" [93]

„Materie ist ein Resultat von Energie, und gleichzeitig ist Energie die Grundlage von Materie. Dies ist die unzertrennliche Einheit der beiden Grundlagen von Existenz.

Für die Seele ist Musik eine Bezeichnung eines Energiemediums, in das sie sich hinein vertiefen will oder nicht. Aber ursprünglich ist sie (die Musik) die Substanz / der Stoff, aus dem die Seele geschaffen ist. Der genaue Inhalt der Seele ist Musik. Und die Tatsache, dass eine Person euch anzieht oder im Gegensatz dazu, euch abstößt, bedeutet, dass ihr eine Menge gemeinsam habt oder nicht - „musikalisch". Mit anderen Worten heißt das, dass eure Seele ein Energiefeld wahrnimmt, das diese Person umgibt, das entweder nährend/förderlich oder schädlich für die Seele ist.

Leid, Vergnügen/Freude, Absichten – alles kann durch Musik ausgedrückt werden: die subtilsten Nuancen von jedem Gefühl. Das Gewirr und Zusammenprallen von Gefühlen, eine naive Wahrnehmung der Welt und die tiefste Erkenntnis der Seele über ihre Gesetze, die dem Verstand verborgen sind. Musik ist ein Aufruf der himmlischen Felder, dass sich die Seele mit ihnen ausdehnt.

Nicht jeder ist in einem Feld, das seine/ihre Grenzen festlegt. Viele Menschen hören überhaupt keine Klänge, andere wissen einfach nichts über die Existenz solcher Harmonien: Sie begegnen ihnen nicht auf der Erde. Volksmusik ist etwas, das die Seele eines Menschen, der nicht dieser Nation angehört, nicht berühren mag, wenn sie nicht mit der Zeit übereinstimmt, wenn die Musik alt ist und vor Jahrhunderten komponiert wurde. Aber durch „Wiederauflegen" und „Kompliziert-machen" durch das Verflechten mit zeitgenössischen Melodien, kann die Wirkung solcher alter Musik erstaunlich werden.

Lasst die Musik über den Körper strömen, um die Seele zum Leben zu erwecken."
Auszug aus Braco Official TV [94]

Die Bewegung und der Tanz

Dr. Moshé Pinchas Feldenkrais (1904 – 1984) war Ingenieur, Physiker, Judo-, Jiu-Jitsu- sowie Nahkampflehrer und entwickelte im Laufe seines Lebens die Feldenkraismethode. Er betonte in seiner Lehre immer wieder die Einheit von Körper, Geist und Seele. Die Wahrnehmung des eigenen Körpers gehört unbedingt zur Erfahrung der Ganzheit und daraus resultiert auch „die Bewusstheit durch Bewegung" von Moshé Feldenkrais.

Alle heilsamen Bewegungen und Tänze haben immer auch spirituelle Dimension. Spiritualität kann im Grunde nicht erklärt werden, denn jeder Mensch erlebt seine eigene Spiritualität, abhängig vom individuellen Lebenskontext. Jeder einzelne ist gefordert, selbst auszuprobieren und die Vielfalt der Möglichkeiten nachzuspüren. Die eigene Erfahrung bringt Freude und Frieden, das ist der Gradmesser für unser Befinden. Wir lernen liebevoll mit uns selbst und damit auch mit anderen umzugehen und Spiritualität als überkonfessionell und unabhängig wahrzunehmen. Wir alle sind in dieser unendlich großen Weite eingebettet, gehalten und getragen, im „Großen und Ganzen", in unserem Leben in Gott.

Aus der Vielfalt der heilsamen Bewegungen und Tänze hat der Derwischtanz und die Sufi-Mystik einen besonderen Platz. Ausgehend vom Orient ist der Derwischtanz auch in Europa etabliert. U.a. werden in der Schweiz Frauen und Männer in dieser Tradition ausgebildet. Monika Fatimabi Grieger [95] ist Lehrerin im Internationalen Sufiorden: Das Wort Derwisch leitet sich vom persischen Wort dar ‚Tor', ‚Tür' ab. In der sufischen Symbolik bedeutet dies die Schwelle zwischen dem Erkennen der diesseitigen irdischen, materiellen und der jenseitigen göttlichen Welt. Die Derwische gehören einer muslimisch asketisch-religiösen Ordensgemeinschaft und sind für ihre Bescheidenheit und Disziplin bekannt. Sie folgen der Ur-Sehnsucht jedes Wesens, zu erwachen und wirklich Mensch zu sein. Sie verbanden sich mit der uralten tradierten heilenden Kraft des Sufismus, in der Körper, Herz und Seele angesprochen werden, und in der es darum geht, ganz in dieser Welt zu leben und zu sein – so wie wir wirklich sind.

**Der Drehtanz soll aus der Nüchternheit des Alltags über eine Ekstase –
Ekstase im Sinne der Glückseligkeit der Einigung -
in eine Nüchternheit höherer Ordnung führen.**

Fatimabi [96]

„In der hinduistischen und der kabbalistischen Überlieferung erhebt sich der Geist, indem er die Richtung der Spirale umkehrt, die die Welt entstehen lässt, und expandiert, wenn die Materie kontrahiert, wie beim Ein- und Ausatmen des sphärischen Wirbels. Ähnlich schraubt sich der Geist der Derwische in wachsender wirbelnder Ekstase durch die von ihren Bewegungen dargestellten Planetenbahnen hinauf zur Vereinigung mit der Gottheit. Ihr Tanzen oder „Kreisen" zeigt Gradstufen des Eingehens in die Materie, gefolgt von solchen des ‚Abschleifens' ihrer illusorischen Existenz und des Aufstiegs ihres Geistes." *Jill Purce* [97]

„In einem der frühchristlichen gnostischen Texten, den apokryphen Johannes-Akten, führte Jesus die Apostel in einer Hymne an den Vater an; ihr außergewöhnlicher Rhythmus und hypnotischer Ton durchschwingen die Worte des hl. Johannes:

**Und wir alle umkreisen ihn und antworten ihm: Amen ...
Die zwölfte Zahl tanzt im Reigen obenan. Amen.
Dem gesamten All ist es vergönnt zu tanzen. Amen."** [98]

6.3.3.   Heilung mit Zahlen und die Heilige Geometrie

Einen verschollenen Schatz der Tradition ihrer Heimat haben Johanna Paungger und Thomas Poppe mit dem „Tiroler Zahlenrad"[99] gehoben: „... Alle Zahlen im Geburtsdatum geben Auskunft über besondere Anlagen und Talente, mit denen wir zur Welt kommen. Über Jahrhunderte hat dieses Wissen schon vielen geholfen, ihre Talente und Fähigkeiten besser einzuschätzen und große und kleine Veränderungen in ihrem Leben vorzunehmen." Für das Leben mit dem Zahlenrad gab es für Johanna Paungger keine Lehrbücher. Das Familienwissen wurde fast ohne Worte und ohne „einführende" Gespräche angewendet. Ihre Familie lebte damit und erfuhr fast täglich seinen Sinn und Wert. Das Zahlenrad nahmen sie wie selbstverständlich hin. Es nicht anzuwenden wäre als verrückt, seltsam, unsinnig vorgekommen.

Johannas Paungger's Großvater war ein Heiler und das Zahlenrad gehörte zum großen Schatz verschiedenster Methoden und Heilweisen. Er besaß die Fähigkeit, Ursachen zu erkennen und zu heilen – äußere Symptome waren für ihn nur Wegweiser zum Kern der Dinge. Das Grundwissen der Himmelsrichtungen, die Zahlenfarbe, die Signaturen und die Spiralbewegung im Zahlenrad kann helfen zur Bewusstwerdung und Beseitigung von Krankheits- und Problemursachen.

"Das Tiroler Zahlenrad hilft Ihnen, zu Ihren Träumen zurückzufinden und das Selbstvertrauen zu gewinnen, das Ihnen von Anfang an zustand."
Johanna Paungger und Thomas Poppe [100]

Das Heilwissen der Zahlen wurde nicht nur in Tirol von Generation zu Generation weitergegeben. In anderen Dimensionen bezeugen das Wissen der Heiligen Geometrie tausend Jahre lang die Pyramiden und Steinkreise. In England, Ägypten, Griechenland und weltweit Mexiko u.v.a. verwendeten die Menschen dieses uralte Heilwissen in ihren Bauwerken. Ob antike Tempel im Himalaja, die auf Mandalas basieren, oder mittelalterliche europäische Kathedralen, die diese Prinzipien, auch hermetische Geometrie genannt, unabhängig voneinander anwandten.

Griechische Philosophen befassten sich mit den sogenannten Grundbausteinen der Welt. Eine vollständige mathematische Klassifikation sind die Elemente des Euklid (Buch XIII, 300 v. Chr.). Alle Symbole und Zeichen der heiligen Geometrie basieren auf den platonischen Körpern (Tetraeder, Hexaeder, Oktaeder, Dodekaeder, Ikosaeder), zu denen als sechstes Element auch der Kreis gerechnet werden kann. Die Bedeutung dieser geometrischen Urformen ist einerseits in ihrer formalen Perfektion und ihrer absoluten Symmetrie zu suchen. Andererseits lassen alle Formen sich miteinander kombinieren und zu komplexen Symbolen zusammenfügen. Vollkommenheit, Harmonie und Heilkraft durch die verschiedenen symmetrischen Zeichen und Symbole, wie das Yin-Yang, die Blume des Lebens und der Baum des Lebens sind Ausdruck der Heiligen Geometrie. Der Glaube, dass Gott das Universum nach einem perfekten geometrischen Plan erschaffen hat, ist uralt und in allen Kulturen verbreitet. (Siehe Kap. 3.2. Der Anfang der Menschheit.)

Zu umfangreich ist jedes dieser einzelnen Themen und dies ausführlich darzulegen, mag Bibliotheken füllen, besonders der Themenkreis um die Heilige Geometrie, auch hermetische Geometrie genannt, die die Lehre vom Aufbau der Welt beschreibt. Diese geometrischen Gesetze, auf denen die Realität basiert, verbindet Geist und Materie, Wissenschaft und Spiritualität, Herz und Verstand. Wohin wir auch blicken, überall auf der Welt sehen wir die gleichen Muster von den winzigen Schneckenhäusern bis zu den riesigen Spiralgalaxien im Universum. Die Heilige Geometrie ist eine Kunst der Mustererkennung und alle Informationen des Universums sind in ihren Urstrukturen darin verschlüsselt. Wenn wir diese Muster, Formen und Verhältnisse studieren, können sich uns Teile des großen Geheimnisses des Universums und unserer Existenz offenbaren. Die komplexen Symbole und Strukturen, die sich in Raum und Zeit widerspiegeln, sie zu erkennen lernen und auf sie einzustimmen, könnte auch ein Weg sein zu einem Leben in Harmonie mit der Schöpfung.

Heilung und Bewusstseinserweiterung mit Zahlen
von Dr. Grigori Grabovoi [101]

Grigori Grabovoi, geb. 1963 in Kasachstan, abgeschlossenes Studium der angewandten Mathematik und Mechanik, Akademiemitglied der Internationalen Akademie der Information u.a., Autor der Entdeckung des kreativen Feldes der Information, die jeden Informationsgegenstand, Modelle in jedem Platz des Raum-Zeit-Kontinuums begreifen. Er entdeckte auch Methoden der Konvertierung der Information jeder Tat in eine bekannt geometrische Form und Grundsätze der entfernten Diagnostik und Regeneration usw. In seinem Buch „Wiederherstellung des menschlichen Organismus durch Konzentration auf Zahlen" hilft er den Menschen zum Aufbau der Gesundheit durch Konzentration auf sieben-, acht- und neunstellige Zahlen, welche Grabovoi im Laufe seiner Arbeit vom Schöpfer empfangen hat. Er hat hunderte von Kranken ohne seine persönliche Anwesenheit geheilt, wie Aidskranke und unheilbare krebskranke Menschen, wo ärztliche Hilfe vergebens war. Diese Tatsachen werden durch die traditionelle Medizin bescheinigt, durch notariell beurkundete Behandlungen von geheilten Personen bewiesen und auch von den Vereinten Nationen bestätigt.

Dr. Grigori Grabovoi verfügt über das Wissen von Wiederherstellungsmethoden und über eine außergewöhnliche Fähigkeit der Hellsichtigkeit und der Vorhersage. Nach Grabovoi steht der Mensch durch seine geistigen Strukturen in direkter Beziehung und Wechselwirkung zur gesamten Welt (äußere Realität). Somit ist erkennbar, dass jeder Mensch direkt und untrennbar mit der ganzen Welt verbunden ist und durch sein Denken, Fühlen und Handeln als Ursache eine Wirkung in dieser hervorruft. Ebenso führt eine Veränderung der äußeren Realität zu einer Veränderung der inneren Realität beim Menschen.

Für Grabovoi hat jedes System seine eigene Grundschwingung, aus der sich seine Form bildet. Egal ob es sich dabei um ein Atom, eine lebende Zelle, ein Organ oder ein Planetensystem handelt. Erkrankt ein System, so weicht seine Schwingung von der ursprünglich vorgesehenen göttlichen Norm ab. Er sieht jede Zahl und Zahlenfolge, als eine Frequenz: 1 Anfang, 2 Handlung, 3 Ergebnis, 4 Wechselwirkung mit Außen, 5 Innen, 6 Information (optisch), 7 Entwicklungsplattform, 8 Unendlichkeit (Anbindung), 9 ALLES, 0 Übergang (von einem zum anderen). [102]

Grabovoi wiederholt immer wieder: "Jedes Ereignis kann geändert werden. Meine Prognosen sind nicht fatal, ich suche stets konstruktive Methoden der Vorbeugung. Ich ändere kein Objekt, ich ändere die Situation um das Objekt." [103] Nach der Tschernobyl-Explosion dokumentiert Grabovoi vorsorglich alle seine Prophezeihungen. In seinem Archiv gibt es hunderte Protokolle mit Siegel und Unterschriften von kompetenten Fachleute beglaubigt. Einige dieser Unterlagen können im Internet eingesehen werden.

Somit hängt die Welt direkt vom Bewusstsein des Menschen ab.

Für die „Wiederherstellung des menschlichen Organismus durch Konzentration auf Zahlen" wurden in der Zusammenfassung von Grabovoi's Buch Zahlenkombinationen angeführt, z.b. für „akute kritische Zustände" 1258912 „Allgemeine Rettung" 14111963 „Erweiterung des Bewusstseins" 188888891 usw. [104]

> **Als Ziel führte Grabovoi an, dass es uns Menschen gelingt,**
> **im Lichte des Schöpfers uns weiter zu entwickeln und**
> **in Liebe und Frieden auf dieser Erde und im gesamten Universum zu leben.**
> **Grabovoi ermuntert die Menschen wieder an sich zu glauben.**

6.3.4. Die Medizin, Spontanheilungen und das Wohl der Patienten

Die akademischen Heilberufe zeichnen sich durch eine gesetzlich geregelte universitäre Ausbildung aus. Doch nicht jeder, der Krankheiten erkennt, heilt oder lindert, ist ein Angehöriger der Heilberufe – schließlich versorgen auch Eltern leichte Krankheiten ihres Kindes oft selbst. Auf der anderen Seite zählen zu den anerkannten Heilberufen auch Berufsgruppen wie die Apotheker oder Kosmetikerinnen, an die man spontan nicht unbedingt denkt. Der umfangreiche Begriff Heilberufe lässt sich fast nicht einschränken. Zudem entscheidet der Mensch meist selbst, ob und wann er sich seinen Gesundheitszustand überprüfen lässt und wann der richtige Zeitpunkt ärztlichen Rat zu holen ist. Natürlich sind davon Notsituationen ausgenommen. Dankbar über die vielfältige medizinische Hilfeleistung zum Wohl des Patienten dürfen wir in Europa auf ein umfassendes Gesundheitsnetz bei Bedarf zurückgreifen.

Prof. Dr. Klaus Dietrich Bock [105] hielt anlässlich seiner Emeritierung am Universitätsklinikum Essen die Abschiedsvorlesung „Wer heilt, hat recht?!" Er erläuterte den Begriff „Medizin" (Heilkunde), genauer „Humanmedizin", der im weitesten Sinne alle Handlungen umfasst, die zur Erkennung, zur Behandlung, wenn möglich Heilung und zur Vorbeugung von Krankheiten des Menschen unternommen werden. Die wissenschaftliche Medizin gründet sich auf eine große Zahl anderer Wissenschaften, Chemie, Physik, Biologie, Psychologie, Soziologie und weitere, die sich im Fächerkanon einer Medizinischen Fakultät widerspiegeln; sie ist, dem heutigen Wissenschaftsbegriff gemäß, der Rationalität verpflichtet. (Rationalität ist nur im Zusammenhang mit dem ärztlichen Gelöbnis [106] zum Wohl der Patienten zu verstehen, Anm. der Autorin.) Es gibt viele Zweige, die auch unter dem Begriff Medizin verstanden werden, wie, z.B. die anthroposophische, die alte chinesische oder die indische Volksmedizin, die jeweils von grundlegend anderen Vorstellungen ausgehen.

Die Alternativ- und Komplementärmedizin ist nicht als Gegensatz zu verstehen, sondern als eine der vielen Möglichkeiten. Die Gesundheit des Menschen zu erhalten oder wieder herzustellen, dazu dienen die verschiedenen Heilverfahren, ob alternativ oder herkömmlich. Meist braucht es ein Abwägen zum Wohl des Patienten, der in den meisten Fällen frei entscheiden kann. Wirkliche Heilkunst kann sich nur entfalten, wenn sie sich von beiden Extremen fernhält, der Unter- wie der Überschätzung des gegenwärtigen Standes des großen Potentials an Heilwirken.

**Immer ist für eine vollkommene Heilung
auch der Glaube und das Vertrauen
an eine übergeordnete Kraft ausschlaggebend.**

Um jene Heilungen zu beschreiben, für die es keine adäquate Erklärung gibt, haben Wissenschaftler den Ausdruck „spontane Remission" geprägt. Damit vermieden sie die Termini wie „Wunder", „Gottes Wille" oder Ähnliches. Von Medizinern wurden unzählige solche Genesungen beschrieben, nicht selten auch von so schweren Krankheiten, wie es das metastasierende Melanom und das Sarkom sind.

Unsere westliche Welt ist seit den letzten zwei Jahrhunderten geprägt von einem Gesundheitssystem, in dem der Arzt eine besondere Stellung einnimmt. Der Mensch ist gefordert, aus der Fülle von medizinischen Angeboten zu wählen. Der Arzt hat beratende Funktion und der Mensch entscheidet. Was vor ein paar Jahren im Bereich der Medizin noch undenkbar gewesen ist, ist heute schon Wirklichkeit und wird zum Wohle und zur Gesundung des Menschen eingesetzt. Freuen wir uns, dass auch bis vor kurzem noch unheilbare Krankheiten heute mit modernsten Mitteln geheilt werden können. Zu einer vollständigen Heilung sind auch immer komplexe Verhaltensänderungen notwendig. (Siehe auch Kap. 4.2. Unnatürlicher Lebensstil, Ursache und Wirkung. Dr. Uwe Meier, „Das Gehirn ein fantastisches Organ".)

War es noch vor ca. 50 Jahren selbstverständlich, einen Arzt auch bei kleinen Unstimmigkeiten aufzusuchen, kommen zunehmend auch alternative Behandlungsmethoden in Frage. Gleichzeitig werden durch die aufwendigen Forschungen mit High-tech-Geräten im medizinischen Bereich immense Gelder aufgebracht, die von keiner öffentlichen Stelle mehr getragen werden können. Quo vadis? Wohin führt uns dieser Weg, hoffentlich zum Wohl der Hilfesuchenden.

Was kann der Arzt leisten und woran ist er gebunden?

Die grundlegende Frage stellt sich, wer heilt wirklich? Werden wir alle älter und gesünder nur auf Grund der neuesten medizinischen Errungenschaften? Kann überhaupt ohne Glauben Heilung kommen?

Die Überzeugung und der Glaube helfen den Menschen gesund zu werden, mit und ohne ärztliche Hilfe. Wenn ich eine Ärztin oder einen Arzt aufsuche, muss ich überzeugt sein, dass er mir helfen kann, ansonsten sind die Wirkung der Medikamente und die erfolgreichsten Methoden wahrscheinlich nur kurzfristig. Die innere Einstellung und der Wille gesund zu werden, ist von entscheidender Bedeutung. Für den gläubigen Menschen kann nur Gott ganzheitlich Körper, Seele und Geist heilen.

Hippokrates (460 v. Chr.) gilt als Begründer der abendländischen wissenschaftlichen Medizin. Der hippokratische Eid stellt noch heute die ethische Grundlage des ärztlichen Wirkens dar und auf das Genfer Gelöbnis berufen sich Ärzte auf der ganzen Welt. In vielen Ländern ist es Teil der ärztlichen Berufsordnung, in manchen hat es sogar Gesetzescharakter. Der Weltärztebund rechnet damit, dass die überarbeitete Fassung weltweit als ethischer Kodex für alle Ärzte anerkannt wird. Vor dem Hintergrund der steigenden Arbeitsbelastung appelliert das neue Gelöbnis aber auch an die Ärzte, sich um ihre eigene Gesundheit zu kümmern.

Die offizielle deutsche Übersetzung der Deklaration von Genf, autorisiert durch den Weltärztebund:

Das ärztliche Gelöbnis

Als Mitglied der ärztlichen Profession gelobe ich feierlich, mein Leben in den Dienst der Menschlichkeit zu stellen.

Die Gesundheit und das Wohlergehen meiner Patientin oder meines Patienten werden mein oberstes Anliegen sein.

Ich werde die Autonomie und die Würde meiner Patientin oder meines Patienten respektieren.

Ich werde den höchsten Respekt vor menschlichem Leben wahren.

Ich werde nicht zulassen, dass Erwägungen von Alter, Krankheit oder Behinderung, Glaube, ethnischer Herkunft, Geschlecht, Staatsangehörigkeit, politischer Zugehörigkeit, Rasse, sexueller Orientierung, sozialer Stellung oder jeglicher anderer Faktoren zwischen meine Pflichten und meine Patientin oder meinen Patienten treten.

Ich werde die mir anvertrauten Geheimnisse auch über den Tod der Patientin oder des Patienten hinaus wahren.

Ich werde meinen Beruf nach bestem Wissen und Gewissen, mit Würde und im Einklang mit guter medizinischer Praxis ausüben.

Ich werde die Ehre und die edlen Traditionen des ärztlichen Berufes fördern.

Ich werde meinen Lehrerinnen und Lehrern, meinen Kolleginnen und Kollegen und meinen Schülerinnen und Schülern die ihnen gebührende Achtung und Dankbarkeit erweisen.

Ich werde mein medizinisches Wissen zum Wohle der Patientin oder des Patienten und zur Verbesserung der Gesundheitsversorgung teilen.

Ich werde auf meine eigene Gesundheit, mein Wohlergehen und meine Fähigkeiten achten, um eine Behandlung auf höchstem Niveau leisten zu können.

Ich werde, selbst unter Bedrohung, mein medizinisches Wissen nicht zur Verletzung von Menschenrechten und bürgerlichen Freiheiten anwenden.

Ich gelobe dies feierlich, aus freien Stücken und bei meiner Ehre.

***

Diese Verpflichtung zum Wohl der Patienten und zur Förderung der Gesundheitsvorsorge kann auch im Hinblick auf die Ausbildung verstanden werden bzw. wird bestimmt auch in vielen medizinischen Universitäten berücksichtigt. Der freie Wille des Patienten sollte auf alle Fälle gewahrt werden bzw. auch bei einer Entscheidung seitens des Patienten für alternative Behandlungsmethoden. In den meisten Fällen kann das eigene Wohlergehen selbst beurteilt werden bzw. jeder hat das Recht, zuzustimmen oder abzulehnen. Inwieweit das ärztliche Gelöbnis auch bei der Zusammenarbeit der pharmazeutischen Industrie mit der Ärzteschaft im Dienste der Patienten Auswirkungen hat, ist mir nicht bekannt. Wissenschaftliche Untersuchungen darüber wären interessant. Erfreulich ist, dass seit 30.6.2016 Grundlage für die Transparenzinitiative der Ppharmig Verhaltenscodex (VHC) geschaffen wurde. Die Abhängigkeit von finanziellen Leistungen pharmazeutischer Unternehmen im Zusammenhang mit Forschung und Entwicklung, Spenden und Förderungen, Veranstaltungen zum Zweck der Aus- und Weiterbildung sowie Dienst- und Beratungsleistungen kann jetzt auf den Websites der Pharmaunternehmungen offen eingesehen werden. [107]

Inzwischen wächst die Anzahl der praktizierenden Ärzte, die sich für sanftere Methoden der Gesundheitsvorsorge und Behandlung von Krankheiten entscheiden. Die PDF-Datei [108] „Komplementäre Heilmethoden und traditionelle Anwendung in Österreich" kann jederzeit im Internet abgerufen werden. Viele der angeführten Methoden, wurden von Wissenschaftlern hauptsächlich in Amerika oder in der Schweiz jahrelang erforscht. Trotzdem scheint in der Präambel in dieser Datei auf, dass „im Vergleich zum vielfältigen komplementärmedizinischen Angebot bisher noch wenig Forschung – speziell was die Methoden betrifft – existiert, verstehen sich die vorliegenden Ergebnisse als erste Annäherung an das Thema." In dieser Präambel wird den vielen jahrzehntelangen Forschungsergebnissen im Bereich der Komplementärmedizin wenig Beachtung geschenkt.

Im Kapitel 6.4. Heilerinnen und Heiler des neuen Zeitalters arbeiten fast alle der angeführten HeilerInnen mit Wissenschaftlern zusammen. Am Beispiel von Kap. 6.4.2. Braco. Die Kraft der Stille, forschen laufend Wissenschaftler aus dem medizinischen Bereich und der theoretischen Physik. Sein über zwanzigjähriges heilsames Wirken durch seinen Blick ist dokumentiert, ärztliche Berichte liegen vor. Braco selbst betont auch ausdrücklich, dass er es keinesfalls akzeptieren kann, wenn den Menschen geraten wird, medizinische Kontrolluntersuchungen zu ignorieren [109]: „Vielleicht ist es wirklich wahr, dass das Wissen über die Krankheit ihren Verlauf verschlimmert, aber es steht mir nicht zu, darüber zu urteilen. Dafür gibt es die Medizinwissenschaft. Ich kann nur sagen, dass die Menschen, deren Zustand sich nach dem Besuch am Srebrnjak 1 dramatisch verbessert hat, die ärztlichen Kontrolluntersuchungen nicht gestört haben. Und allgemein gibt es nur noch wenige, denen noch nicht klar ist, dass der Glaube Wunder bewirkt und dass in den Menschen riesige Potentiale liegen. Was mache ich? Ich wecke sie und setze sie in Gang."

Auch Bruno Gröning (Kap. 6.4.3.) arbeitete mit Ärzten zusammen. Fanden anfangs die unzähligen Heilungen bei Ärzten, in der Presse und Rundfunk Beachtung, kamen bei anhaltenden Erfolgen Anzeigen von der Ärztekammer in München u.a. und in weiterer Folge zu Gerichtsverfahren, dass er nach dem Heilpraktikergesetz verstoße. Bruno Gröning berührte weder die Menschen, noch untersuchte er, noch wollte er die Krankheitsgeschichte hören, nach erfolgter Heilung sagte er: „Danken sie nicht mir, danken sie Gott!" Inzwischen wurde Bruno Gröning auch gerichtlich rehabilitiert und die Heilungen mit seiner Hilfe geschehen bis heute und werden von Ärzten dokumentiert.

Erwähnenswert unter den vielen Medizinern, die sich für alternative Wege entschieden haben, ist auch Deepak Chopra. Er verbindet das Wissen des Westens mit der Weisheit des Ostens. Als erfolgreicher Arzt stellte er fest, dass der westlichen Medizin die Seele fehlt. Auf seiner Suche nach einer ganzheitlichen Medizin führte es ihn bald in den Grenzbereich von Wissenschaft und Glauben, dem er sich bis heute mit Erfolg widmet. Er schrieb über 80 Bücher, die in 35 Sprachen übersetzt und insgesamt 20 Millionen Mal verkauft wurden. Das Time Magazine zählt Chopra zu den 100 herausragenden Köpfen des 20. Jahrhunderts und bezeichnet ihn als „Poet-Prophet der alternativen Medizin". [110]

6.4.   Heilerinnen und Heiler des Neuen Zeitalters

Unzählige Heilmethoden gibt es, denn die göttliche Kraft ist unbegrenzt und nicht zuordenbar; wäre sie auf eine bestimmte Methode beschränkt, käme sie nicht aus der allumfassenden Kraft. Jesus gab davon Zeugnis und auf der Suche nach Heilung sind seine Heilungsgeschichten wegweisend. Er führt uns zu Gott, dem Ziel aller Suche. Viele christliche Heilige und unzählige unbekannt gebliebene Menschen folgten diesen oft schweren steinigen Weg. Die Wege Gottes sind unergründbar und der Mensch, der tief in seinem Innersten seine Stimme vernimmt und nach dieser seiner inneren Religion lebt, erfährt Frieden und Freude.

Wo die reinen Quellen rinnen,
ist das ew'ge Neubeginnen!
Unsere Tage sind verloren,
wenn wir nicht wie neugeboren
alte Vorurteile lassen,
höhere Entschlüsse fassen,
neuen Weg zu Menschen finden,
enger uns mit Gott verbinden,
andre zu der Quelle führen,

bis auch sie den Aufschwung spüren
und das Wasser weiterreichen ...
Solches Glück ist ohnegleichen,
eint den Himmel mit der Erde,
mit dem Schöpferwort "Es werde!"
Wo die reinen Quellen rinnen,
ist das ew'ge Neubeginnen!

Ephides

Viele Heilerinnen und Heiler sind oft massiven Kritiken ausgesetzt. Die Kri   er selbst haben meist keine besseren Lösungsvorschläge und ihre Kritik ist oft einseit subjektiv belastet. Entscheidend ist der Heilerfolg beim Menschen und die Anerkennr von ärztlichen Untersuchungsergebnissen.

Beim Hilfesuchenden ist auch immer der Glaube an das Gute und Uner   ssliche entscheidend. Das selbstlose Wirken und die Fürsorge für alle drückt sich   den Worten Bruno Gröning's (Kap. 6.4.3.) aus: „Und so Sie heute noch nicht glauben   nnen, so will ich es für Sie tun, bis Sie wirklich glauben. Und so Sie heute noch nicht l   en, noch nicht beten können, so will ich das auch noch für Sie tun! Machen Sie sich   . von dem, das Sie als Leid empfunden. Ich helfe, und diese Hilfe führt Sie zu Ihrem F   ."

Der Ungläubige sagt: „**Er ist ein Lügner, denn was er sagt, ist nic   möglich!**" [111]

„Dazu eine kleine Geschichte: Ein Mann hatte während seines   nzen Lebens auf die Stimme seines Verstandes gehört. Er dachte über alles, was seine   eele ihm gesagt hatte, nach und lehnte alles ab, denn seine Analyse zeigte: Das ist nic   möglich. Und als der Mann die Stimme des Propheten hörte, rief er: ‚Er ist ein Lügn   , denn was er sagt, ist nicht möglich.' ‚Warum nennst du ihn einen Lügner?', fragten   ie Leute, die dem Propheten glaubten. ‚Seine Worte können keine existenten Dinge   schreiben, weil sie den von der Wissenschaft beschriebenen Gesetzen widersprechen   agte der Leugner. ‚Beschreibt die Wissenschaft den Himmel?', fragten die Leute, ‚d   Himmel kann nur von der Seele beschrieben werden, die dort gewesen ist. Aber da   ehirn kam zum ersten Mal zur Welt und besteht aus sterblichem Fleisch, und desh   hat es kein Recht zu beurteilen, ob eine unsterbliche Seele richtig oder falsch liegt. ..   n begrenzter Verstand kann das unendliche Wissen der Seele nicht beurteilen. Eine   eise lacht also über einen Fisch, der im Wasser lebt: ‚Das kann nicht sein', sagt sie   veil man im Wasser erstickt und stirbt.'" *Auszug aus Braco Official TV „Über den Glauben   * [112]

Die nachfolgenden Heilungsgeschichten zeigen unterschiedlic   Methoden zum Wohle und zur Heilung der Menschen im 21. Jh. auf dem götti   n Weg. Viel Kraftvolles und Positives gäbe es noch über unzählige Menschen zu ber   n. die sich ebenfalls ganz in einem umfassenden göttlichen Dienst zur Heilung des   nschen stellen. Ihnen allen sei Dank! Aus dem großen Potential an heilwirkenden M   en entschied ich mich für neun (alphabetisch geordnet): Anastasia, Braco, Bruno Gröning, Dahlke, Dalai Lama, Jasmuheen, Masaru Emoto, Anton Styger und Yogananda.

6.4.1. Anastasia, „Familienlandsitze"

Auf einer sibirischen Flussreise lernt Wladimir Megre 1994 die junge Einsiedlerin Anastasia [113] kennen. Sie lebt auf einer Waldlichtung tief in den Wäldern der sibirischen Taiga. Anastasia selbst sagt von sich, einer extrem langen Erblinie eines geistig hochentwickelten Volkes abzustammen, dessen Wurzeln Jahrtausende zurückliegen. Sie hat deren geistigen, spirituellen und wissenschaftlichen Qualitäten bewahrt und sieht nun ihre Aufgabe darin, über die Vermittlung ihrer naturnahen Weltsicht Menschen wieder im Herz zu berühren, sie aufmerksam zu machen, auf welch einem wunderschönen Planeten wir leben.

Wladimir Megre [114] wurde im Jahre 1996 mit der Publikation seines erstens Buches Anastasia in Russland nicht nur zum Bestsellerautor, sondern rief dort auch eine ökologisch und spirituell orientierte Bewegung ins Leben, die inzwischen zur regelrechten Volksbewegung mit einer großen Anzahl verschiedener Non-Profit-Organisationen und alternativer Wohnprojekte – sogenannter „Familienlandsitze" - wurde. Anastasias Botschaft berührte die Herzen von Millionen von Menschen, und die überwältigende Resonanz löste eine revolutionäre Dynamik aus, die inzwischen weit über Russland hinausgeht. So gibt es nicht nur in Russland, sondern inzwischen in ganz Europa bereits zahlreiche Projekte, die im Begriff sind, die wertvollen Ideen Anastasias in eine lebendige Realität umzusetzen.

In den Büchern von Wladimir Megre werden zu zahlreichen Themen konkrete Ideen und Anweisungen gegeben. Es sind allerdings laut Autor Wladimir Megre keine fiktiven Geschichten, sondern Erzählungen von Ereignissen, die sich tatsächlich so zugetragen haben sollen. Und Megre führt weiter aus, dass das Geschriebene in diesen Büchern bei vielen Lesern und Leserinnen äußerst starke Gefühle, Reaktionen und vor allem Aktionen hervorrufe; Aktionen von tiefer Berührtheit und Liebe. Anastasia selbst lebt weiterhin in der Taiga und Wladimir Megre ist Autor dieser kraftvollen Bücher, die Menschen dazu bewegen, ein neues Leben in der Natur zu beginnen. Anastasia findet es wichtig, dass Menschen ihre Botschaften auch in den Städten verwirklichen und so Menschen zum Umdenken bewegen können.

Anastasias großes Anliegen ist, die Menschen wieder an den "Raum der Liebe" zu erinnern, einer Lebensart, die in unserer heutigen Zeit fast niemand mehr kannte. Der Raum der Liebe ist ein Stück Land, ca. ein Hektar groß, auf dem eine Familie lebt und sich selbst versorgen kann. Eine scheinbar einfache Idee hat in Russland schon Millionen von Menschen dazu bewogen, diesen Schritt in ein einfaches Leben, weg von der Zivilisation zu wagen. Nicht sogenannte „Verrückte", sondern auch viele Intellektuelle aus Moskau haben diese Idee Wirklichkeit werden lassen. Besonders erwähnenswert ist, dass das Land (ein Hektar) von der russischen Regierung kostenlos den Familien zur Verfügung gestellt wird. Auch in Europa, Deutschland und der Schweiz stößt diese Idee bei immer mehr Menschen auf Begeisterung.

Aus der unterschiedlichen Art von Gemeinschaften unterscheiden sich die Familienlandsitze nach Anastasia in ihrer Intention und ihrem Ziel. Dieses kleine Stückchen Land (1 Hektar = 10.000 m²) wird von einer Familie bewohnt und bewirtschaftet. Sie integrieren zu unterschiedlicher Intensität meist verschiedene Prinzipien der Selbstversorgung, der Permakultur und der Idee der Waldgärten. Das bedeutet im Detail, dass die Familie das Land bewirtschaftet, um von dieser Fläche leben zu können. Es geht bei der Idee der Familienlandsitze nicht darum, ein Ökodorf oder eine ähnliche größere Gemeinschaft zu schaffen. Der Fokus liegt auf der Familie. Dennoch ist es möglich und meist hilfreich, mehrere Familienlandsitze aneinander angrenzen zu lassen. Werden mehrere Familienlandsitze nebeneinander errichtet, spricht man von Landsitz-Siedlungen. die oft dann auch gemeinschaftlich nutzbare Angebote haben. Das kann zum Beispiel ein gemeinsamer Kindergarten und/oder Schule, ein gemeinsam nutzbarer Raum, Veranstaltungen, Werkstätten oder ähnliches sein. Jeder Landsitz ist jedoch weiterhin autonom. Es gibt eine klare Abgrenzung, aber die Möglichkeit zum Austausch, der das Leben durchaus erleichtern kann.

Besonders interessant sind die Gespräche zwischen Wladimir Megre und Anastasia. Verständlich und lehrreich versucht Anastasia Wladimir Megre ihren Standpunkt mit Argumenten und Beweisen zu untermauern: „Sieh mal, die Gesellschaft, in der du lebst, kann eine Menge lernen durch den Umgang mit Pflanzen, wie sie zum Beispiel auf euren Datschen (Landsitze) gezüchtet werden. Ja, ich meine vor allem die Kleingärten und nicht die riesigen, unpersönlichen Felder, über die monströse, unsinnige Maschinen kriechen. Menschen, die ein eigenes Stück Land bearbeiten, geht es besser, und viele von ihnen leben auch länger. Sie werden gütiger und herzlicher. Es sind auch die Kleingärtner, die uns zur Einsicht verhelfen, dass die technokratische Entwicklung der Gesellschaft schadet." [115]

Anastasia selbst lebt und ernährt sich aus der unberührten Natur der Taiga. Sie erklärt, wie aus einem Samen ein heilender Samen wird und dass jeder von den Menschen gesäte Samen eine riesige Fülle von kosmischen Informationen enthält, weitaus mehr als irgendetwas von Menschen Erzeugtes. [116]

„Indes ist Anastasias Gesundheit ein untrennbarer Bestandteil ihrer außergewöhnlichen Schönheit. Ihrer Ansicht nach bietet sich einem Menschen, der ähnliche Beziehungen mit der Pflanzenwelt und der Erde seines Gartens hergestellt hat, die Möglichkeit, ausnahmslos von allen Krankheiten geheilt zu werden. Eine Krankheit beruht an sich darauf, dass ein Mensch die natürlichen Vorgänge, die für seine Gesundheit und seine Versorgung zuständig sind, ignoriert. Und für diese

Mechanismen der Natur ist es kein Problem, eine beliebige Erkrankung zu heilen, denn genau zu diesem Zweck sind sie ja da. Der Nutzen, den ein Mensch aus dem Informationsaustausch mit einem kleinen Stück Land zieht, ist bedeutend größer als der des direkten Kampfes gegen die Krankheiten." *Wladimir Megre* [117]

„Unsere Welt ist schon ein seltsamer Ort. Seit Jahrtausenden kämpft die Menschheit nun schon, um jedem Erdenbürger Glück und Wohlstand zu gewährleisten, doch immer öfter zeigt es sich, dass der moderne Großstädter vielen Gefahren praktisch schutzlos ausgesetzt ist. Der eine hat einen Unfall, ein anderer wird ausgeraubt, ein Dritter wird krank – ohne Apotheke kann man heutzutage kaum mehr am Leben bleiben –, und wieder ein anderer ist so frustriert, dass er Selbstmord begeht. Gerade in den sogenannten zivilisierten Ländern mit hohem Lebensstandard wächst die Selbstmordrate beständig an. Und immer wieder sieht man im Fernsehen Mütter, die davon berichten, dass sie für ihre Kinder und für sich selbst nichts zu essen haben. Anastasia hingegen lebt in der Taiga mit unserem kleinen Sohn, wie in einer anderen Zivilisation. Sie braucht inmitten der Wildnis keinerlei Polizei oder Armee zu ihrem Schutz. Anscheinend mangelt es weder ihr noch dem Kind auf der Lichtung an irgendetwas. Natürlich gibt es große Unterschiede zwischen ihrer und unserer Zivilisation, und sie versucht, die besten Elemente beider zu vereinen. Auf diese Weise wird eine neue, eine glückliche Gemeinschaft von Menschen geboren werden." *Wladimir Megre* [118]

Im Internet ist in den vergangenen Jahre eine Reihe von Webseiten in verschiedenen Sprachen aufgetaucht, die einen offiziellen Anstrich haben und im Namen von Wladimir Megre unbefugter Weise Leserbriefe beantworten. Einzige autorisierte Quelle für Korrespondenz in allen Sprachen der Welt ist www.vmegre.com. [119]

6.4.2. Braco, „Power of Silence", Die Kraft der Stille

Sein Anfang
Braco wurde am 23. November 1967 in Zagreb, Kroatien, geboren. Als einziges Kind wohlhabender Eltern genoss er viele Vorzüge, so auch die liebevolle Aufmerksamkeit seines Vaters. Dennoch blieb er bescheiden und verbrachte viel Zeit allein in der Natur. Im Alter von 24 Jahren erreichte er seinen Magister-Abschluss in Ökonomie an der Universität Zagreb und folgte seinem Vater, indem er sein eigenes Unternehmen aufbaute. Luxus und materielle Vorzüge fehlten in seinem Leben nicht. Dennoch, obwohl er das besaß, was sich die meisten Menschen vom Leben wünschen, war er nicht im Innersten erfüllt, und sehnte sich nach etwas Bedeutungsvollerem.
1993, als Braco 26 Jahre alt war, stellte ihm seine Mutter den charismatischen Mann Ivica Prokić vor. Ivica half Braco`s Mutter von einer starken Migräne frei zu werden. Er war in Zagreb bekannt, leidenden Menschen zu helfen, ohne dafür Geld zu verlangen. Braco empfand sofort ein so tiefes Vertrauen und eine solche Verbindung und

Freundschaft zu Ivica, dass diese Begegnung der Grundstein zu seiner neuen Lebensweise wurde. An Ivicas Seite fand der junge Mann den Frieden, die Harmonie und den Platz, nach dem er gesucht hatte, und er verließ unverzüglich seinen früheren Lebensstil. Ivica erkannte in Braco eine besondere Begabung und eine größere Lebensbestimmung. Tatsächlich kamen die Möglichkeiten, die Braco in sich entdeckte, erst nach Ivicas plötzlichem Tod 1995 zum Tragen, als er die Verantwortung annahm, Ivicas liebevolle Mission weiterzuführen. Er vertraute vollkommen dem, was bereits Ivica und später auch andere in ihm erkannten und dazu bestimmt war, mit den Menschen geteilt zu werden. Ivica gab Braco den Namen, den er heute trägt und der im Kroatischen „Kleiner Bruder" bedeutet.

Seit 1995 widmet Braco sein Lebenswerk der Aufgabe, seine Gabe mit den Menschen zu teilen. Er vermittelt weder Lehren noch Lebensphilosophien, noch hat er jemals ein Interview in den Medien gegeben. Was er gibt, ist sein Blick. Er steht nur einige Minuten schweigend vor den Menschengruppen und schaut sie an. Die Besucher erzählen, was sie spüren: Sie fühlen oft eine Wärme, etwas besonders Gutes, einen tiefen Frieden, manche sprechen von einem Glücksgefühl oder einem inneren Angehobensein. Auch Lebensprobleme, Schwierigkeiten in Familie und Beruf fanden eine unerwartet positive Wende. In Interviews erzählen Menschen von Heilungen, wie Krebs, Hautkrankheiten, Blindheit, Lähmung, u.v.a. Vor laufender Kamera stand eine gelähmte Frau aus dem Rollstuhl auf. Berichte von Wissenschaftlern und Ärzten können im Internet eingesehen werden. [120]

Am 21. September 2012, dem internationalen Tag des Friedens der Vereinten Nationen, lud Biannca Pace als Vorsitzende des Ministeriums für Frieden in Australien andere Ministerien für Frieden und weitere weltweit tätige Verbände nach New York ein. Sie sprach über die Bedeutung des Friedens und des Zusammenkommens der Menschheit in Einheit im Zusammenhang mit Braco, der offiziell für den „Peace Pole" nominiert wurde. Dieses internationale Friedenszeichen haben Politiker wie Jimmy Carter und religiöse Führer wie Papst Johannes Paul II., Mutter Teresa und S.H. der Dalai Lama anerkannt und gewürdigt. Weltweit verbreitet stehen diese Friedenspfähle mit der Aufschrift „May Peace prevail on Earth" (Möge Frieden auf Erden sein). [121]

Biannca Pace anerkannte das Wirken von Braco als Überbringer des Friedens, anstelle der bisher alten Werkzeuge, wie Frieden zu erzwingen, die mehr zerstört haben als aufgebaut. Braco ermöglicht den Menschen neue Wege zu gehen:
"Braco ist ein solches Werkzeug, denn in der Stille liegt die Wahrheit und in der Wahrheit ist Stille. Das ist es, was er uns gibt, das ist das, was er uns ermöglicht, die Wahrheit in uns selbst zu sehen: Wer bin ich, warum bin ich, warum bin ich hier, was mache ich. Und wenn die Menschen offen dafür sind, kann es wirklich Leben verändern. Ich bin sehr glücklich und unser Vorstand ebenso, dass wir uns mit Braco verbinden, denn was wir in der Zukunft brauchen, ist eine Gruppe, die weltweit für den Frieden steht, unabhängig davon, wie sie es zeigen. Nicht jeder ist Braco - aber jeder

Mensch hat etwas, das er zu diesem wunderschönen Bilderteppich beitragen kann - um eine Welt zu schaffen, in der jeder sich wohlfühlt." *Biannca Pace* [122]

Interview mit Rev. Deborah Moldow [123], Vertreterin der World Peace Prayer Society bei den Vereinten Nationen:

„**Es ist Zeit, eine neue Kultur des Friedens aufzubauen, und hier kommt Braco ins Spiel. Ich glaube, dass das genau das ist, was Braco durch seinen Blick bringt, er gibt jeder Person eine persönliche Erfahrung des Friedens.**"

„Als wir Braco den ‚Peace Pole' überreichten, war das so ein besonderer Moment. Es war nicht nur die Vergabe des 'Peace Pole', sondern auch eine Möglichkeit für die Menschen aus dem Umfeld der Vereinten Nationen, die sich dort versammelt hatten, Braco als 'Botschafter des Friedens' wert zu schätzen. Oder wie würden Sie es bezeichnen, so wie er rund um die Welt reist? Er könnte nicht mehr den Geist des Friedens verkörpern. Er spricht auch nicht darüber. Er ist es einfach!"

Wissenschaftliche Stellungnahmen zum Braco's Blick

Einige Wissenschaftler und Ärzte haben unterschiedliche Theorien und Erklärungen entwickelt, warum durch Braco's Blick fundamentale Transformationen geschehen können, und bezeichnen dies als „außergewöhnlich". Dennoch, Braco verspricht keine Heilung. Er erklärt nicht, lehrt nicht und führt keine Diagnosen oder Behandlungen durch. Er bietet lediglich die Möglichkeit, dass das, was er mit den Menschen teilt, auf irgendeine persönliche Weise helfen kann. Er bestärkt uns in dem Verständnis, dass das, was durch seinen Blick zu den Menschen fließt, ganz natürlich und in jedem von uns vorhanden ist. Braco beeinflusst sie, und er entscheidet nicht, wer Hilfe bekommt. Er bietet den Menschen seinen Blick einfach in Liebe an, damit diese für sich selbst entscheiden können.

Drago Plečko, Wissenschaftler und Publizist aus Kroatien, besitzt 30-jährige Erfahrung im Umgang mit den Heiler und Heilerinnen der ganzen Welt. Er untersuchte zwei Jahre das Phänomen Braco, über das er anschließend ein Buch [124] schrieb:

„**Das, was Braco macht, wird früher oder später in eine Phase eintreten, in der es möglich sein wird, es mit Hilfe der Naturgesetze zu erklären.**"

Braco im Gespräch mit Drago Plečko [125]: „... weil alles vom Zustand des Geistes abhängt, von der inneren Entscheidung, über die sich der Mensch nicht bewusst ist, und die sich darauf bezieht, ob er weiter leben und sich mit den Herausforderungen konfrontieren will, die sehr schmerzhaft sein können, oder sich einfach aus diesem Leben zurückzieht. Manchmal konnte ich irgendwie diesen Punkt spüren, an dem sich die Veränderung vollzieht, diesen Moment der unbewussten Entscheidung des

Menschen, zu bleiben und zu kämpfen ... Meine Aufgabe ist es, da zu sein, mitzufühlen und am Ende wiederhole ich immer für mich, dass alles der Gnade von etwas zu verdanken ist, was nicht mit mir gleichzusetzen ist. Denn ich bin nur ein Instrument dieser, ich kann sagen, großen universalen Liebe, die das Leid vertreibt."

Prof. Dr. Vladimir Gruden, Psychiater und Psychotherapeut [126]:

"Das interessante an Braco ist, dass er Veränderungen in den Menschen bewirken kann. (...) Wir fragen uns immer, ob es da etwas gibt, was die Wissenschaft bisher noch nicht entdeckt hat, eine Art Energie, welche die Menschen erreichen kann. (...) Die Begegnung mit Braco ist kein Ritual, Vortrag oder Zeremonie. Es ist einfach eine Begegnung, nicht nur mit Braco, sondern auch mit uns selbst, und die Antworten, die wir suchen, können wir nur in uns selbst finden. (...) Worte haben einen großen Symbolgehalt und können Emotionen auslösen, aber es ist einfach, mit Worten zu manipulieren. Die Begegnung mit Braco findet in der Stille statt. Wenn wir Braco ansehen, spiegelt sich die Stille in uns. An diesem Ort der Stille können wir unsere eigenen Wünsche ganz klar hören. Das stille Phänomen Braco erinnert uns daran und ermutigt uns, in Stille zu sein. (...)

Braco ruft die Wahrheit in uns wach...
kurz gesagt, in der Stille wird die Wahrheit für uns sichtbar."

Prof. Schneider, Gründer des Weltkongresses für geistiges Heilen (Baseler PSI Tage) lud ihn vor einigen Jahren zu seinem Kongress in der Schweiz ein. Prof. Schneider [127]:

"...in der Begegnung mit Braco`s Blick kann der Mensch heraufgehoben werden auf eine höhere Bewusstseinsebene."

Der US-amerikanische em. Prof. William A. Tiller, Stanfort University, sah in Braco die führende Persönlichkeit des neuen Paradigmas.

Im monatlichen Livestreaming [128] schließen sich Besucher aus bis zu 90 Ländern an. Hingewiesen wird besonders, dass nur Personen mit 18 Jahren oder älter, sowie Schwangere bis einschließlich des dritten Monats die Sessions besuchen dürfen.

Im Oktober 2016 wurde der erste Kino-Dokumentarfilm über Braco: "Power of Silence" in New York und Los Angeles uraufgeführt. Namhafte Persönlichkeiten wie der internationale Bestsellerautor Paulo Coelho u.a. schildern ihre Eindrücke zu Braco. Erzähler ist der bekannte Hollywood Schauspieler Armand Assante. Der gesamte Film wurde ins Internet gestellt und ist kostenlos anzuschauen:

Power of Silence, Die Kraft der Stille." [129]

Im Film zitiert anfangs Rabbi Jack Bemporad den Propheten Elija:

> „...Doch der Herr war nicht im Sturm.
> **Nach dem Sturm kam ein Erdbeben. Doch der Herr war nicht im Erdbeben.
> Nach dem Beben kam ein Feuer. Doch der Herr war nicht im Feuer.
> Nach dem Feuer kam ein sanftes, leises Säuseln."** *1Kön 19,12*

6.4.3. Bruno Gröning, „Es gibt kein Unheilbar"

„Es gibt kein Unheilbar", waren Bruno Grönings Worte 1949 zur tagelang wartenden Menschenmenge (ca. 30.000 Menschen lt. Augenzeugenberichten und Presse) am Traberhof in der Nähe von Rosenheim/Deutschland [130]. Not und Elend hat der 2. Weltkrieg hinterlassen und ihre einzige Hoffnung war Bruno Gröning (*1906, +1959), und er half, wo er konnte. Bruno Gröning ging in seinen Glaubensvorträgen stets vom Einfluss geistiger Kräfte auf den Menschen aus. „Gott ist der Sender und der Mensch der Empfänger der Heilkraft". Der Einfluss dieser Kräfte ist größer als vielfach angenommen. Zu diesen Kräften gehören besonders unsere Gedanken. Dieser Wunder wirkende Mann hat die Menschen nicht behandelt, mithin auch nicht im medizinischen Sinne geheilt. Er hat niemals nach den Erkrankungen der Hilfesuchenden gefragt. Im Gegenteil, er hat sich sehr entschieden dagegen gewehrt, irgendetwas über eine Krankheit zu hören, oder sich den Namen einer Krankheit auch nur nennen zu lassen. Sein Wirken vollzog sich allein durch seine Glaubensvorträge, in denen er die Hilfesuchenden zur „Großen Umkehr" aufrief. Es gab keine Heilungsversprechen. Seine Vorträge sind teils auf Tonband, teils durch Mitschriften erhalten geblieben. Damals wie heute werden durch das Hören und Beachten seiner Worte – seiner Lehre – Menschen, Tiere und Pflanzen gesund. Neben Hilfen und Heilungen ist auch eine positive Auswirkung auf die Lebenseinstellung und die Lebensführung der Geheilten zu beobachten.

Bruno Grönings Werk wächst weiter. Er hinterließ das Wissen um die Aufnahme einer geistigen Heilkraft, den sogenannten „Heilstrom". Bruno Gröning entwickelte eine Lehre, wie Menschen gesunden und wie sie auch ihre Gesundheit behalten. Überzeugen sollte sich der Mensch selber. Bruno Gröning:

> **„Immer muss der Mensch bei sich selbst bleiben. Immer muss er an das Gute glauben. Immer muss er es wollen. Immer muss er zum Guten, immer muss er zu Gott stehen. Weil er ja zu Gott gehört! Das ist alles. Aber tun Sie es erst! Dann wird es viel für Sie sein."**

> **„Ich gebe Ihnen die Spielregeln des Lebens, damit sie Meister im Leben werden!"**

„Mein Tun und Wirken dient lediglich dazu, alle Menschen wieder auf den richtigen Weg, auf den göttlichen Weg zu führen."

„Der Mensch ist überall von Heilwellen umgeben, die er nur aufzunehmen braucht."

Laut Bruno Gröning gibt es keine unheilbare Krankheit, was die ärztlich geprüften Erfolgsberichte bestätigen. Die Heilungen geschehen (immer zuerst) allein auf geistigen Wege und sind daher auch nicht an Bruno Grönings materiellen Körper gebunden. Da nach Bruno Grönings Worten Krankheit ihrem Wesen nach nicht von Gott gewollt ist, wird sie nach und nach beseitigt. Dies kann in einzelnen Fällen auch spontan geschehen, oder es beginnen die „Regelungen", die mitunter auch länger dauern und schmerzhaft sind. Hierzu ist es notwendig, dass sich der Mensch nicht mehr gedanklich mit der Krankheit beschäftigt, sondern daran glaubt, dass es für Gott kein „unheilbar" gibt. Um weiterhin gesund zu bleiben, stellen sich die Bruno Gröning-Freunde täglich zwei Mal auf den Empfang des Heilstroms ein. Der gesunde Körper bildet die Grundlage für ein Leben in Einklang mit sich selbst, den Mitmenschen und der Natur.

„Danken Sie nicht mir, danken Sie Gott für die Heilungen."[131]

Hilfreich ist entspannende Musik, die den Geist beruhigt, damit der Mensch sich ganz seinem Inneren zuwenden kann. Bruno Gröning bringt viele Beispiele: Sollte der Strom (Lebensstrom) fließen, dann muss der Mensch wie eine Glühbirne über die Steckdose am großen göttlichen Kraftwerk angeschlossen werden. Bruno Gröning bezeichnete sich damals selbst auch oft als „das Fräulein von Amt", das die Verbindung zur Quelle herstellt, aus der der Heilstrom fließt und diesen wie ein Transformator in entsprechender „Dosis" an Hilfesuchende weiterleitet (Deutschland 1949).

Das Ziel nach der Lehre Bruno Gröning ist nur zu erreichen, wenn der Mensch sich von allem Negativen fernhält. Wir alle sind es gewohnt, mit negativen Gedanken, Berichterstattungen usw. zu leben. Um aus diesem „Hamsterrad" herauszukommen und seine negativen Gedanken zu heilen, ist es notwendig sich regelmäßig auf den Heilstrom einzustellen. Dabei wird vorher alles abgegeben was belastet. Bruno Gröning ermuntert die Menschen:

„Geben sie es mir, ich selbst kann es ihnen nicht abnehmen.
Denn wenn der Geist gesund wird, folgt der Körper nach."

„Nehmen Sie niemals mehr den kranken Gedanken auf,
denn dann wird der Körper krank.
Nehmen Sie einen gesunden Gedanken auf,
dann wird der Körper gesund.

**So viel hat Gott uns mit auf unseren Lebensweg hier gegeben,
dass wir selbst über uns,
über unseren Körper bestimmen können."**

Bruno Grönings Ziel ist es, aus einem Kranken einen lebensfrohen Menschen zu machen, der frei von körperlichen und seelischen Belastungen ist.

Die Münchner Ärztekammer zeigte Bruno Gröning wegen des Verstoßes gegen das Heilpraktikergesetz an. Dieses Gesetz wurde im Jahre 2004 offiziell aufgehoben. Darüber hinaus erfolgte eine vollkommene und umfassende Rehabilitierung Bruno Grönings durch den Juristen Dr. Wolfgang Hausmann unter Mitwirkung von Dr. Rolf Reinhard, Rechtsanwalt Peter Quast, Ass.jur. Martina Reichhart. In dem Buch „Der große Prozess" gegen Bruno Gröning (1955-1959) wurde der gesamte 800 Gerichtsaktenseiten starke Prozess von Anfang bis Ende noch einmal aufgerollt. Die gravierenden Verfahrensfehler der Justiz von damals wurden aufgezeigt und damit Bruno Grönings Unschuld bewiesen. [132]

Im Januar 1959 starb Bruno Gröning in Paris. Seine Worte haben sich bis heute bewahrheitet: „Meinen Körper wird man in die Erde legen, aber ich werde nicht tot sein. Und wenn mich jemand rufen wird, komme ich und helfe weiter. Wenn es so weit ist, wird jeder aus sich selbst die Hilfe und Heilung erlangen können."

Sein Wissen, zusammengefasst in seiner Lehre, wird heute vom Bruno Gröning-Freundeskreis gepflegt und bereits in über 100 Ländern weltweit unentgeltlich an Interessierte weitergegeben. Das ist möglich, weil ausnahmslos alle Helfer aus Dankbarkeit für erhaltene Hilfen und Heilungen ehrenamtlich mitarbeiten und sämtliche Kosten durch freiwillige Spenden getragen werden.
Fachleute aus verschiedenen Richtungen, wie Physik, Chemie, Biologie, Medizin, Informatik, Theologie und Philosophie kommen zu einzigartigen Einsichten durch eigene Erfahrung mit der Lehre Bruno Grönings. In persönlichen Berichten informieren sie die Öffentlichkeit, um einen möglichen Nutzen aufzuzeigen. Aufgrund ihrer Entdeckungen haben sie einen Arbeitskreis gebildet, um diese phänomenalen Einsichten mit aktuellen Erkenntnissen aus Wissenschaft und Forschung sowie mit uraltem Wissen der Religionen und Völker zu betrachten. Einen großartigen Einblick in das Wirken von Bruno Gröning beschreibt der Mediziner Dr. Matthias Kamp [133]. Die ärztliche Dokumentation der Heilung auf geistigem Wege ist die Rehabilitation eines Verkannten.

„Überzeugen Sie sich selbst!",
war eine von Bruno Gröning oftmals wiederholte Empfehlung. Die damit gemachten und berichteten Erfahrungen sind nicht nur für Ärzte und Wissenschaftler von großem Interesse, sondern auch für Hilfesuchende, Eltern und Erzieher, besonders aber für alle Menschen mit Herz. Die an die Organisation der Vereinten Nationen (UNO) angegliederte World Peace Prayer Society (WPPS) zeichnete den Bruno Gröning-Freundeskreis

2012 mit dem Peace Pole Award aus. Die UN-Repräsentantin Deborah Moldow hob in ihrer Rede die Bedeutung des Bruno Gröning-Freundeskreises und die Lehre Bruno Grönings bezüglich Hilfe und Heilung auf geistigem Weg hervor. Die Heilung des Einzelnen sei mit dem Frieden für alle Menschen eng verbunden und dankte dem Bruno Gröning–Freundeskreis für seine über 30-jährige selbstlose Arbeit.

6.4.4.   Dahlke, Rüdiger, „Am Feld der ansteckenden Gesundheit"

Meine persönliche Geschichte: Jahrelang laborierte ich früher an verschiedenen Krankheiten. Alle waren nicht besorgniserregend, aber meine Lebensqualität wurde von diesen latenten Erkältungen und Entzündungen beeinträchtigt, u.a. laborierte ich immer wieder an einer Gastritis. Mit der Zeit versuchte ich alle Symptome zu ignorieren und landete im Krankenhaus mit einer schwereren Erkrankung. Der Arzt fragte mich: „Das müssen sie doch schon viel früher gespürt haben." Da erkannte ich, dass ich inzwischen eine Meisterin des Verdrängens war, unter dem Motto „es wird schon irgendwie gehen". Das war der Grund, mich von Grund auf zu ändern. Auf der Suche nach Alternativen stieß ich auf die Bücher von Dr. Rüdiger Dahlke. Besonders „Die Krankheit als Weg", war für mich das große „Aha"-Erlebnis und der Wegbegleiter zu meiner Gesundheit. Ich begann die Zusammenhänge und Körperreaktionen zu erahnen und eine bewusstere Lebensgestaltung ebnete mir den Weg für ein freudvolles Leben. Persönlich habe ich Herrn Dr. Dahlke bis jetzt noch nicht kennengelernt und möchte mich daher auf diesem Weg herzlich bedanken.

Das Interview von Barbara Reiter mit Rüdiger Dahlke am 21.11.2014 im Kurier [134] lässt die ganze Bandbreite des Wirkens von Rüdiger Dahlke (* 1951) erahnen. Barbara Reiter besuchte den Arzt und Psychotherapeuten Rüdiger Dahlke in seiner Wahlheimat Gamlitz in Österreich. Der Autor von zahlreichen Büchern wie „Die Schicksalsgesetze" erzählt wie ihn das Schicksal selbst geprüft hat, über seine Tochter Naomi, die mit dem Downsyndrom zur Welt gekommen ist, und das Scheitern mit seinem Gesundheitszentrum. Rüdiger Dahlke musste immer wieder gegen Widerstände ankämpfen. Aber für ihn wäre die Anpassung noch schlimmer gewesen. Dann hätte er jetzt 35 Jahre lang eine Medizin gemacht, zu der er nicht steht und von der er glaubt, dass sie ihn und anderen schadet.

Reiter: „**Hatten Sie damals keine Mitstreiter?**" Dahlke: „Es gab viele Kollegen, die sich angepasst haben und irgendwann schlapp, frustriert und müde waren. Aber es gab auch Ausnahmen, die wie ich Schul- und Komplementärmedizin miteinander verbunden haben. Professor Raimund Jakesz, der Leiter der Allgemeinchirurgie am Wiener AKH zum Beispiel. Er hat 40 Oberärzte unter sich, ist aber schlank, fit und gut drauf, was sicher auch an seiner spirituellen Grundhaltung liegt. Und es ermutigt mich, dass es von Seiten der Schulmedizin Bestrebungen gibt, Dinge anzuerkennen, die ich seit 40 Jahren mache. Früher bin ich beschimpft worden, weil ich Fasten angeboten habe. Es galt als gefährlich und unverantwortlich. Heute empfehlen Ärzte, parallel zur Chemotherapie zu fasten, weil man drauf gekommen ist, dass Krebszellen das nicht mögen. Die Russen machen das sogar in Bezug auf Geisteskrankheiten seit Jahrzehnten."

Reiter: „**Sie sind schlank und gesund. Warum fasten Sie?**" Dahlke: „Wer einmal im Jahr fastet, kann sich durch die Entschlackung einiges leisten. Vor allem Menschen, die auch noch Sport machen. Dann ist auch die Ernährung gar nicht mehr so wichtig, weil man alles verbrennt. Schlanke Leute haben auch keinen Jo-Jo-Effekt, weil Sie einen normalen Ruhepuls haben und ihr Stoffwechsel hoch ist. Deshalb kann man auch einmal gemütlich 14 Tage im Liegestuhl verbringen. Probleme haben adipöse Menschen. Ihr Grundumsatz ist minimal. Deshalb nehmen sie an einem Fastentag auch nur 20, 30 Gramm ab. Bei schlanken Menschen mit hohem Grundumsatz ist es oft sogar bis zu ein Kilo."

Reiter: „Im Oktober wurde ihr Bestseller ‚**Die Schicksalsgesetze. Die Suche nach dem Masterplan**' verfilmt. Darin sieht man eine krebskranke Frau, die sich nicht in die Hände von Chirurgen, sondern in die Obhut des ‚Heilkundezentrum Dahlke Johanniskirchen' begibt. Heute gilt sie als geheilt. Konnten Sie diese Entscheidung als Arzt gutheißen?" Dahlke: „Bei Krebs kann man nicht sagen: „Fasten Sie, lesen Sie ein Buch und Sie werden gesund." Das wäre vermessen. Renetta Morin war von der Schulmedizin eigentlich schon aufgegeben worden. Man hätte durch eine Operation ihr Leben zwar verlängern, aber nicht mehr retten können. Ich habe ein paar Mal mit ihr telefoniert und ihre Befunde durchgesehen. Danach habe ich zur Operation geraten, weil ihr Tumor schon so groß war. Das wollte sie aber partout nicht und ist ihren eigenen Weg gegangen."

Reiter: „**Wie muss man sich den Weg vorstellen?**" Dahlke: „Sie war vier Wochen bei uns in Niederbayern und hat in der Zeit eine Psychotherapie gemacht. Dann gab es andere Dinge, wie Atem- oder Bilder-Therapie, gefastet hat sie auch. Nach vier Wochen hat der Arzt bei der Kontrolle nichts mehr gefunden."

Reiter: „**Das klingt nach einem Wunder.**" Dahlke: „Wenn ein Tumor, der schon metastasiert war, plötzlich verschwindet, kann man fast von einem Wunder sprechen. Ich habe auch sicher mehr Spontanremissionen erlebt, als mancher Schulmediziner. Aber Wunder am Fließband kann niemand erwarten, vor allem nicht bei Krebs. Es gibt Krankheiten, die wir mit Ernährung und Psychoarbeit so regeln können, dass sie heilbar sind. Vor neun Monaten war eine 70-jährige Frau bei mir in Gamlitz und ist durch Fasten ihr Rheuma losgeworden. Als sie wiederkam, ist sie mir um den Hals gefallen. Diabetes Typ Zwei muss auch keiner haben. Aber bei Krebs kann man nicht sagen: ‚Fasten Sie, lesen Sie ein Buch und Sie werden gesund.' Auch nicht bei MS oder Parkinson. Das wäre vermessen."

Reiter: „Was glauben Sie, warum Frau Morin ohne Operation geheilt werden konnte?" Dahlke: „Frau Morin hatte einen Glauben, der sogar stärker war als meiner. Da gilt dann die Bibel: Der Glaube kann Berge versetzen – was auch stimmt. Aber den Schalter muss jeder selbst umlegen wie Frau Morin. Dann kann so etwas passieren. Auf diesem Gedanken basiert auch der Film über die Schicksalsgesetze."

In seinem Vortrag „Den Schatten integrieren" weist Dr. Rüdiger Dahlke [135] darauf hin, dass „Der größte Schatz liegt im Schatten" liegt:

„Im Schatten sind alle Themen und Dinge, die wir aus unserem Bewusstsein ausgeschlossen haben, weil wir sie nicht wollen. Wie beim Eisberg, von dem nur ein kleiner Teil über der Oberfläche zu sehen ist, befindet sich ein großer Teil unserer Energie im nicht bewussten Teil. Das führt zu Projektionen. Was tun? Wie bewusst machen?" Der Arzt und Psychotherapeut erläutert hier einige Wissensbausteine für ein bewussteres Leben in Gesellschaft und im persönlichen Leben - unter anderem am aktuellen Beispiel der Atomkraft. [136]

Der Schatten zeigt sich in allen Krankheitsbildern. Alles was wir im Bewusstsein nicht leben wollen, muss ja irgendwohin, und es verkörpert sich im Körper irgendwohin und das ist die Idee von Krankheit als Symbol. Das Schicksal hat es so geregelt, dass wir sicher mit großer Sicherheit immer wieder auf unsere Schatten auflaufen.

Wir leben in einer Zeit, wo viele Schatten hochkommen, nicht dass so viele Menschen krank sind, es krankt ja auch in der Gesellschaft überall. Wir persönlich werden nicht aus unserer Verantwortung entlassen, wir sollten den eigenen Schatten erkennen, ihn nicht im außen suchen. So können wir auch unseren größten Schatz erkennen, uns mit unserer verborgenen Seite aussöhnen und uns der neuen Freiheit erfreuen.

Das Gesetz des Anfangs, der Resonanz und der Polarität, das alles wären grundlegende Themen für unser Menschsein. Die Literaturliste von Herrn Dahlke ist umfangreich und kann als Wegweiser dienen.

6.4.5. Dalai Lama, „Silence is sometimes the best answer."

Der 14. Dalai Lama, der bei seiner Geburt Lhamo Thondup hieß, wurde am 6. Juli 1935 in Amdo, Tibet, in einer Bauern- und Pferdehandelsfamilie geboren. "Heiliger Herr, sanfter Ruhm, Mitgefühl, Verteidiger des Glaubens, Ozean der Weisheit" oder Jetsun Jamphil Ngawang Lobsang Yeshe Tenzin Gyatso erreichte mit 15 Jahren offiziell die Position als geistiger und politischer Führer Tibets, der 14. Dalai Lama. [137]

Politik der Gewaltlosigkeit
Seine Heiligkeit der 14. Dalai Lama, Tenzin Gyatso, bezeichnet sich selbst als einfachen buddhistischen Mönch. Er war das geistliche Oberhaupt Tibets. Seine Heiligkeit der Dalai Lama ist ein Mann des Friedens. 1989 wurde er für seinen gewaltfreien Kampf für die Befreiung Tibets mit dem Friedensnobelpreis ausgezeichnet.

Er hat sich immer konsequent für eine Politik der Gewaltlosigkeit – selbst angesichts extremer Aggression – eingesetzt. Er war auch der erste Nobelpreisträger, der für seine Sorge um globale Umweltprobleme ausgezeichnet wurde. Seine Heiligkeit hat über 67 Länder auf allen sechs Kontinenten bereist. Er hat in Würdigung seiner Botschaft von Frieden, Gewaltlosigkeit, interreligiöser Verständigung, universeller Verantwortung und Mitgefühl mehr als 150 Auszeichnungen, Ehrendoktorwürden, Preise u.a. erhalten. Er ist auch Verfasser oder Mitverfasser von über 110 Büchern.

Seine Heiligkeit hat Gespräche mit führenden Vertretern verschiedener Religionen geführt und an zahlreichen Veranstaltungen zur Förderung interreligiöser Harmonie und Verständigung teilgenommen.

Seit Mitte der 1980er Jahre steht Seine Heiligkeit im Dialog mit modernen Wissenschaftlern, vor allem auf den Gebieten Psychologie, Neurobiologie, Quantenphysik und Kosmologie. Dies hat zu einer historischen Zusammenarbeit zwischen buddhistischen Mönchen und international bekannten Wissenschaftlern geführt bei dem Bemühen, Einzelpersonen zu innerem Frieden zu verhelfen. Auch die Tatsache, dass in den im Exil neu errichteten tibetischen Klosterinstitutionen der traditionelle Studienplan durch moderne Wissenschaft ergänzt wurde, geht darauf zurück.

Politischer Rückzug

Am 29. Mai 2011 unterzeichnete Seine Heiligkeit das Dokument, mit dem er seine weltliche Macht formell an die demokratisch gewählte politische Führung übertrug. Damit beendete er die 368 Jahre alte Tradition, nach der ein Dalai Lama sowohl als geistliches als auch weltliches Oberhaupt Tibets fungierte.

Die Zukunft

Seine Heiligkeit hat erklärt, er werde sich etwa im Alter von neunzig Jahren mit führenden Lamas der tibetischen buddhistischen Traditionen, mit der tibetischen Öffentlichkeit und mit anderen am tibetischen Buddhismus interessierten Personen beraten und dann abschätzen, ob die Institution des Dalai Lama nach ihm fortgeführt werden solle. U.a. erklärt seine Heiligkeit, er werde dazu klare schriftliche Instruktionen hinterlassen. Er sprach des Weiteren die Warnung aus, dass nur eine Reinkarnation, die durch solche rechtmäßigen Methoden anerkannt sei, Gültigkeit besitze und dass kein Kandidat, der – von wem auch immer, und seien es Agenten der Volksrepublik China – zu politischen Zwecken ausgewählt wurde, anerkannt oder akzeptiert werden solle.

Gesammelte zwölf Zitate die Seiner Heiligkeit dem 14. Dalai Lama zugesprochen wurden:

„Happiness is not something readymade. It comes from your own actions." Glück ist nicht etwas Fertiges. Es kommt von deinen eigenen Handlungen.

„Be kind whenever possible. It is always possible." Sei freundlich, wann immer es möglich ist. Es ist immer möglich.

„Our prime purpose in this life is to help others. And if you can't help them, at least don't hurt them." Unser wichtigster Zweck in diesem Leben ist es, anderen zu helfen. Und wenn du ihnen nicht helfen kannst, verletze sie wenigstens nicht.

„My religion is very simple. My religion is kindness." Meine Religion ist sehr einfach. Meine Religion ist Freundlichkeit.

„Love and compassion are necessilies, not luxuries. Without them, humanity cannot survive," Liebe und Mitgefühl sind Notwendigkeiten, keine Luxusartikel. Ohne sie kann die Menschheit nicht überleben.

„Remember that sometimes not getting what you want is a wonderful stroke of luck." Bedenke, dass es manchmal ein wunderbarer Glücksfall ist, wenn du nicht bekommst, was du willst.

„...We can never obtain peace in the outer world until we make peace with ourselves." Wir können niemals Friede in der äußeren Welt erlangen, bis wir Frieden mit uns selbst geschlossen haben.

„In the practice of tolerance, one's enemy is the best teacher." In der Praxis von Toleranz ist der Feind der beste Lehrer.

„Give the ones you love wings to fly, roots to come back and reasons to stay." Gib denjenigen, die du liebst, Flügel zum Fliegen, Wurzeln, um wiederzukommen und Gründe zu bleiben.

„The goal is not to be better than the other man, but your previous self." Das Ziel ist nicht, besser zu sein als der andere Mann, sondern dein vorheriges Selbst.

„Know the rules will, so you can break them effenctively." Kenne die Regeln, damit du sie effektiv brechen kannst.

6.4.6. Emoto Masaru, „Die Botschaft des Wassers"

Masaru Emoto (*1943, +2014) [138] begann nach einer Begegnung mit dem Wasserforscher Dr. Lee H. Lorenzen in Amerika die Schwingungen des Wassers mit MRA (Magnetischer Resonanz Analysator) zu untersuchen. Er kaufte dieses Gerät, nahm es mit nach Japan und es war der Beginn von großartigen Forschungen. Unter schwierigsten Bedingungen entstanden atemberaubende Aufnahmen von Wasser aus der ganzen Welt - faszinierende Impressionen, die uns die Sinne und Herzen öffnen für die tiefgreifende Botschaft von Worten, Gedanken und Gefühlen. Ohne Wasser gibt es kein Leben. Wasser ist das Leben selbst.

Alles, was ist, kommt aus Wasser und alles kehrt wieder zurück ins Wasser. Wir sind Natur und Teil unseres Universums. Wir finden alle Antwort auf unsere Fragen des Lebens in diesem Element und in seinen besonderen Eigenschaften. Wasser ist das Lebensmittel Nr. 1. Unser Körper besteht mindestens zu 70 % aus Wasser, unser Gehirn bis zu 90 % und in unseren Zellen ist Zellwasser.

Wasser ist überall und hält unser Sein und Werden. Als offizielles Verbindungslabor von Office Masaru Emoto außerhalb Japans (EmotoLaboEurope) führt Akiko Stein, Emoto Labo Europe, aus:

Wasser ist mehr als nur H2O! [139]

Aus Erfahrung wissen wir, dass viele Wasserqualitäten Heilwirkungen oder besondere Eigenschaften und manche sogar nachweisliche bakteriostatische Wirkung oder Anti-Oxydationswirkung haben. Flüssige homöopathische Lösungen oberhalb bestimmter Potenzen enthalten nach physikalischem Verständnis eigentlich keine Wirkungssubstanzen mehr, ihre Heilwirkung ist jedoch bei der richtigen Mittelwahl erstaunlich stark.

> **„Viele glauben nur, was wir sehen –
> leider sehen wir nur, was wir glauben möchten."**

Es ist an der Zeit, unsere Perspektive und Bewusstsein neu zu entdecken und umzudenken, mit neuen Augen unterschiedliche Phänomene zu betrachten und uns innerlich dafür öffnen, was wir längst schon im Unbewussten spüren, dass Wasser viel mehr ist als nur H2O. Wasser hat eindeutig Gedächtnis, unglaubliche Intelligenz und Transformationsvermögen. Dr. Emoto Masaru vertrat die Auffassung, dass Wasser die Einflüsse von Gedanken und Gefühlen aufnehmen und speichern könne. Zu dieser Auffassung gelangte er durch Experimente mit Wasser in Flaschen, die er entweder mit positiven Botschaften wie „Danke" oder negativen Botschaften wie „Krieg" beschriftete und anschließend gefror, fotografierte und anhand von ästhetisch-morphologischen Kriterien den entstehenden Eiskristall beurteilte. So stellte er einen gewissen Zusammenhang zwischen dem Aussehen des Eiskristalls und der Qualität bzw. dem Zustand des Wassers her. Seiner Theorie zufolge formt mit positiven Botschaften beschriftetes Wasser stets vollkommene Eiskristalle, während Wasser mit negativen Botschaften unvollkommene Kristallformen annimmt. Die bekannten Grundlagen der Kristallbildung von Schneeflocken (Form abhängig von Temperatur) wurden hierbei außer Acht gelassen.

Sensationelle Bilder von gefrorenen Wasserkristallen.

Im Band 1 „Die Antwort des Wassers" legt Masaru Emoto sein faszinierendes Weltbild dar: Seine Ergebnisse verband er mit den modernsten wissenschaftlichen Untersuchungen und den Resultaten seiner eigenen langjährigen Forschungsarbeit auf dem Gebiet des Wassers. Der Band 2 mit neuen, faszinierenden Wasserkristallbildern, die wie Mandalas zum Träumen und Meditieren einladen und die das Wasser in uns anregen, um in Synchronizität zu schwingen.

Masaru Emoto ermuntert uns dem Mikrokosmos der Wasserkristalle zu folgen, die ein Spiegel für den Zustand des Makrokosmos sind, um Achtsamkeit für das lebendige Wasser im Menschen und der Welt zu entwickeln und vielleicht neue Horizonte zu eröffnen.

Liebe und Dankbarkeit: Der universelle Lebenscode

Der weltbekannte Wasser-Forscher und guter Freund von Office Masaru Emoto, Prof. J. Pollak von der Universität Washington, der die bahnbrechende vierte Phase des Wassers entdeckte, findet einen eindeutigen Zusammenhang zwischen seinen Forschungsergebnissen und Wasserkristallphotographie nach Dr. Masaru Emoto. Akiko Stein, Emoto Labo Europe, Labordirector, stellt nicht nur die Kristallanalyse für die energetische und feinstoffliche Qualitätskontrolle, sondern auch die neuesten Erkenntnisse und aktuellen Informationen über die gemeinsamen Forschungsarbeiten zwischen Dr. J. Pollack und das Labor des Office Masaru Emoto zur Verfügung.

Akiko Stein, Schülerin von Dr. Masaru Emoto und Leiterin des Emoto peace Project für Deutschland, Österreich und Schweiz schrieb 2014 den Nachruf in Liebe und um sich für alle Taten, die er für die Welt geleistet hat, zu danken. Er gab ihr die Erinnerung zurück, wer sie eigentlich ist und warum und wofür sie hier und jetzt lebt:

Dr. Emoto Masaru war ein erfolgreicher Autor und Wasserforscher. Im Buch „Botschaft des Wassers" erklärt er die veränderliche Natur des Wassers und wie das Wasser auf die verschiedenen Worte, Gedanken oder Musik reagieren kann. Durch seine Entdeckung mit der Wasserkristallfotografie brachte er das Wasser zum Sprechen und er machte Unsichtbares für menschliche Augen sichtbar. Er war ein spiritueller Meister (18. Platz auf der Liste 100 Spiritual Power List by Watkins Book, England, zum Vergleich 19. Platz Nelson Mandela) und Alternativmediziner, der die Kraft des Bewusstseins, die zentrale Bedeutung und noch verborgene Potentiale des Element Wassers und über das Gesetz der Schwingung HADO uns vertraut gemacht hatte. Er war außerdem ein großartiger Ehemann, Familienvater und Großvater.

Als er Großvater wurde, dachte er, dass er etwas für die Zukunft seiner eigenen Enkel tun müsse, damit die Welt friedlicher und ein besserer Platz werden kann. So entstand der Gedanke seines Herzens: Emoto Peace Project. Diese Idee und seine Mission wurde unter anderem bei den Vereinten Nationen 2005 in einem Hauptvortrag vorgestellt. Es war die Geburtsstunde seiner Vision, ein Kinderbuch „Botschaft des Wassers" (2006) herauszugeben und kostenlos für die Kinder auf der ganzen Welt zu verteilen. Sein Ziel war eine Auflage von mindestens 6,5 Millionen. Die Kinder sollten angeleitet werden, sich wieder verstärkt zu erinnern an die ursprüngliche Liebe und Stärke und an ein freundliches und friedliches Miteinander, ohne arrogant oder egozentrisch zu sein. Liebe und Dankbarkeit sollen in ihnen und aus ihnen strömen und Lebendigkeit und Fröhlichkeit einkehren. Auf jeder Vortragsreise berührte, bewegte und begeisterte Dr. Emoto viele Menschenherzen mit seiner speziellen Warmherzigkeit und vor allem mit seinem Humor. Sein Leben ist nun Legende geworden.

Mögen unsere verborgenen Potenziale und Gaben
in jedem Menschen erkennbar werden und
die grenzenlose Liebe und große Dankbarkeit in uns erwecken!
Akiko Stein [140]

6.4.7. Jasmuheen, „Göttliche Ernährung und leben mit Prana"

Jasmuheen mit dem bürgerlichen Namen Ellen Greve (* 1957), ist eine bekannte australische Buchautorin und Weltenlehrerin. Sie wurde ab dem Jahr 1997 mit ihren Büchern [141] „Lichtnahrung. Die Nahrungsquelle für das kommende Jahrtausend", und „In Resonanz. Das Geheimnis der richtigen Schwingung" auch in Europa bekannt. Damals gehörte sie noch mit ihrer Botschaft der Lichtnahrung, zu den Ausnahmeerscheinungen im westlichen Europa. Jasmuheen ernährt sich seit 1993 hauptsächlich mit oder ohne Zufuhr von flüssiger Nahrung und ist vollkommen gesund. Bei der Lichtnahrung handelt es sich um eine feinstoffliche Ernährungsform, wie sie auch Yogananda (Kap. 4.4.9.) in seiner Biografie beschreibt und Biotronen nennt. Weitere geläufige Ausdrucksformen von Lichtnahrung sind auch Prana, was auch Mana, Chi, kosmische Mikronahrung, kosmische Partikel oder die universelle Lebenskraft genannt wird. Einige nennen es Gottes-Kraft.

Wäre Jasmuheen in Indien oder Himalaja geboren, würde es dem dortigen Nachrichtendienst nicht einfallen, Negativ-Meldungen im großen Umfang zu diesem Thema zu starten. Als sie 1999 in einer Reportage des australischen Fernsehens an die Öffentlichkeit ging, stellte sie sich auch den Wissenschaftlern zur Verfügung. In diesen stark von Emotionen geprägten Umfeld, war es auch ihr zu diesem Zeitpunkt nicht möglich, ohne Flüssigkeit auszukommen. Gleichzeitig begannen auch viele Menschen den Weg der feinstofflichen Ernährung, drei davon starben. Selbstüberschätzung könnte der Hauptgrund gewesen sein. Näheres findet man in ihrem Buch „In Resonanz. Das Geheimnis der richtigen Schwingung", das ebenfalls 1997 erschienen ist. Um den Weg der Lichtnahrung zu beschreiten, ist eine grundsätzliche Lebensumstellung, verbunden mit einer mehr oder weniger langen Vorbereitungszeit unbedingt notwendig. Hilfreich ist das Wissen über Schwingungsfrequenzen auf unserer Erde, Visualisierungen, Atemübungen, die Wirkung und Macht der Gefühle und vieles mehr, wie auch regelmäßige Meditation und Stille zur Maximierung des Energiestromes im eigenen Körper.

„Durch mein Modell bin ich zu dem Verständnis gekommen, dass es ein Weg der Wunder und der Freude ist. Wenn wir erst unser Wesen wirklich erkennen, zählt es nicht, wo wir sind oder auf welche Ausdrucksebene wir uns fokussieren, denn alles ist miteinander verbunden, und alles ist eins. Es gibt keine Trennung, außer derjenigen, die wir uns selbst schaffen. Die Fähigkeit, von Licht zu leben, fügt unserer Exis-

tenz dabei einen weiteren Aspekt der Freiheit hinzu, der unglaublich viel Kraft gibt."
Yasmuheen [142]

Die Nahrungslosigkeit hängt nicht davon ab, ob noch Kaffee oder Gebäck oder vielleicht auch manchmal ein leichtes Essen zu sich genommen wird. Auch kann ein Mensch, der sich von Lichtnahrung ernährt, eine ausgezeichnete Köchin oder Koch für andere sein. Yogananda hat von einer Yogini berichtet [143], die ohne Nahrung lebt, deren Lieblingsbeschäftigung kochen ist.

Yasmuheen erreichte bis heute trotz vieler Falschmeldungen eine Popularität, die natürlich auch viele Neider anzieht. Wir vergessen oft, dass Negativmeldungen in der Presse leider zur Normalität gehören. Weltweit werden Tausende von Menschen vom Lebensstil Yasmuheen angezogen und ernähren sich hauptsächlich von Lichtnahrung. Viele erleben es als Befreiung und als eine für sie persönlich geschenkte Zeit, die man statt der oft zeitraubenden Einkäufe, Zubereitung der Nahrung und dem Essen der Meditation, der Muße und anderen Aktivitäten vermehrt widmen kann. Die Pressemeldungen legen häufig den Fokus auf tragische Einzelschicksale. Mit Mitgefühl und Trauer für diese Menschen, die es aus verschiedenen Gründen nicht schafften, erleben wir doch täglich, dass sich viele tagtäglich in unterschiedliche Gefahren begeben, Zeitungsberichte von Sportunfällen u.a. zeugen davon. Bewusstseinsveränderungen finden nicht von heute auf morgen statt.

Die Sehnsucht der Menschen im Westen, aus dem oft beschränkenden Alltag auszusteigen, war und ist groß. Trotzdem war für viele der dreiwöchige Einstieg zur Lichtnahrung zu radikal. Ab dem Jahr 2004 empfahl Jasmuheen statt des 21-tägigen „Lichtnahrungsprozesses" den „Sanften Weg zur Lichtnahrung", bei dem man von Prana leben und weiterhin das Essen genießen könne. Die Umstellung von fester Nahrung auf Lichtnahrung kann auch langsam über Jahre hinweg erfolgen. Nach dieser Kursänderung ihrer Lehrinhalte teilte die Australierin in einem Interview im Sommer 2006 mit: „Die Diskussion, ob sie nun esse oder nicht, sei belanglos." Der Fokus liegt auf ein selbstbestimmtes gesundes Leben und der Mensch selbst entscheidet, ob und wieviel er isst oder trinkt.

Erhöhe deine Schwingung, dann ändert sich dein Leben!

Jasmuheen lehrt uns auch dank ihrer reichen Spiritualität, unseren Körper und Geist von belastenden Erinnerungen und hinderlichen Emotionen zu reinigen und uns dem göttlichen Licht zu öffnen. Eine Fülle von Meditationen, schöpferischen Visualisierungen und Affirmationen bietet sie in ihren Büchern an, um die Menschen auf dem lichterfüllten Weg zur Meisterschaft zu begleiten. Über ausgewogene Ernährungsweisen und körperliche Gesundheit ist viel geforscht und veröffentlicht worden, Jasmuheen stellt fest, dass es nur wenige verfügbare Informationen über Nahrungsquellen gibt, durch den wir unseren Hunger auf allen Ebenen – auch auf der Zell- und Seelenebene, stillen können. Ihr Lieblingsthema: Gott in uns allen – diese Kraft, die allmächtig, all liebend, allwissend, allgegenwärtig ist, die uns atmen lässt, uns führt und alles belebt, ernährt und erhält; eine Kraft, die sich auch als die Liebe der Göttlichen Mutter zum Ausdruck bringt. [144]

Im Juli 2017 fuhr Jasmuheen mit einer Reisegruppe in den Tibet. In diesem heiligen Land bekam sie den Auftrag, den Menschen eine wichtige Botschaft mitzuteilen:

DAS GOLDENE ZEITALTER IST AUSGERUFEN

Jasmuheen Juli 2017 [145] von der Botschaft des Friedens
Kurze Ausschnitte
von Seite 2: „Ich finde es so schön, wie wir in diesem unendlichen Ozean der Liebe aufgehoben sind und wie, wenn wir unsere Lebensweise auf das höchste Wohl von Allem ausrichten, Energie, Informationen, Einweihungen und alles was wir dafür brauchen zu uns kommt…"
von Seite 6: „Nachdem ich wieder zu Hause in Australien bin, erhalte ich die Information über die Red Dot-Zonen, die anzeigen, wo überall Chaos herrscht. Ich habe die Botschaft über die Verkündung dieses neuen Zeitalters veröffentlicht und bekomme Emails, in denen gefragt wird, wie das sein kann, da es doch noch immer so viel Gewalt gibt, denn gerade sind die grausamen Ereignisse von Barcelona geschehen. Ich sehe wieder, wie riesig und stark dieses Gebetsrad wirklich ist, und wie klein die roten Zonen des Chaos sind, denn Chaos tritt vor einem neuen Goldenen Zeitalter immer auf, damit ein Gleichgewicht entstehen kann."
Schluss: „Diese Zeit, dieses neue Zeitalter der Selbstmeisterschaft, Selbstverantwortung und Selbstsouveränität löst die alten Zeiten und Muster ab, da wir unsere Macht an heilige Wesen abgegeben haben, auch wenn sie noch immer gern gemocht und geliebt werden können für alles, was sie bringen, doch Selbstsouveränität ist nun der Schlüssel. Unser Schlüssel für das Betreten der vereinigten und vereinten Welten, das höchste Potential, das wir gemeinsam als Spezies ausdrücken können, ist Selbstsouveränität. Zu verstehen, dass wir all die Liebe, die Weisheit und Macht in uns tragen, dass wir jetzt das Goldene Zeitalter der Wunder betreten, wo wir noch tiefer in vollkommene Vereinigung mit unserem Kern kommen. Wir erlauben ihm, in uns aufzusteigen und zu erblühen, unser System zu durchfluten, da wir uns wieder auf Einheit, Einigkeit und zurück in die Grundfrequenz der Ich-Essenz einstellen. Bei all dem werden Wunder geschehen, und es wird Wunder geben, denn viele sind jetzt hier, um das Erblühen dieses wundervollen und finalen Goldenen Zeitalters auf der Erde zu erleben und zu bezeugen."

6.4.8. Styger, Anton, „Das Leben wieder selbst in die Hand nehmen!"

Anton Styger lebt in der Zentralschweiz im Ägerital im Kanton Zug, wo er 1947 geboren wurde. Als Bau- und Elektrobiologe ist er im Bereich der Hausuntersuchung und Abschirmung im In- und Ausland tätig. Dank seiner Hellsichtigkeit kann er störende Astralwesen und gebundene Seelen erkennen und aus Menschen, Tieren und Häusern ablösen. Styger wird von vielen Vereinen und Organisationen eingeladen, Vorträge zu halten über die verschiedensten Themen. Sein Hilfswerk ist in Peru im Limatambotal für eine Schule, denn Kinder aus den Bergen haben dort keine Möglichkeit in eine offizielle Schule zu gehen. Anton Styger unterstützt den Verein, der ums Überleben kämpft, bittet in seiner Homepage um Spenden und bürgt auch für die Effizienz des Hilfswerkes und der klaren und reinen Absicht des Gründers. [146]

Das Leben wieder selbst in die Hand nehmen!

Über Jahrzehnte entwickelte Anton Styger zahlreiche Übungen und Gebete, um sich von unsichtbaren Fremdenergien oder aber auch von eigenen, oft sehr alten und einschränkenden Seelenmustern und immer wiederkehrenden Verletzungen zu befreien. Aufgrund der großen Resonanz fasste der Autor seine Bücher in zwei Taschenbüchern zusammen. Lebensnah und praktisch ermuntert Anton Styger die Menschen, sich selbst an den Mutter-Vater-Schöpfergott mit Gebeten, Ablösungen und Ritualen zu wenden. Seine kleinen Taschenbücher „Gebete für die Seele" (Teil 1 und 2) lesen sich wie Liebesdialoge mit dem Schöpfer, um wieder vermehrt Freude, Gesundheit und Kraft fließen zu lassen.

„Sich annehmen, vergeben und endlich zu lieben,
scheint das Wichtigste für die Zukunft für uns alle zu sein."
Anton Styger [147]

Was meist fehlt, ist das Verständnis für Gott und sein Wirken in allem, was ist. Ebenso das Verständnis darüber, was Gott überhaupt ist. Gott ist unermesslich, er ist die ‚All-Liebe'. Wie die Sonne, die für alle scheint. Sie ist einfach da und wenn wir die Menschen beobachten, die sich völlig der Sonne hingeben und voll Freude sind, so ist das ein kleines Abbild von der göttlichen Urkraft.

„Die Sonne selbst macht keinen Unterschied, auch wenn wir ihr nicht danken. Der Unterschied macht unsere eigene Reflexion. Sie scheint demjenigen tatsächlich öfter, die sie lieben und rufen. Durch das Ausstrahlen der göttliche Liebe auf alles, was Er erschaffen hat, ist alles für uns real. Gott erhält alles am Leben, solange Er es will. Er hält die Urteilchen, aus welchen alles Materielle geschaffen ist, zusammen. Ohne das Wollen des Schöpfers würde sich unser Planet innerhalb von Sekunden auflösen,

102

und es würde kein Staubkörnchen mehr davon übrig bleiben. Nur wir Menschen sind davon überzeugt, dass alle Materie (z.B. Felsen) selbstverständlich immer fest bliebe. Doch das ist Irrtum." *Anton Styger* [148]

Anton Styger hat durch seine herzerfrischenden Worte einen Raum geschaffen, der sich unendlich ausdehnt. Er lässt alle Menschen daran teilhaben und ermuntert sie, selbst der eigene Heiler, die eigene Heilerin zu sein, um mit Gottes Hilfe auch anderen Menschen, Tieren und Pflanzen zu helfen. Anton Styger unterstützt Menschen in seinen Vorträgen und Seminaren, die diesen Weg gehen wollen. [149]

Aus der Lebenskrise in die Freiheit

Was will ich in meinem Leben erreichen? Kenne ich meine Talente und Begabungen? Was stört mich im Leben: Kindheit, Ehe, Beruf, Freizeit? Welche Personen/Situationen machen mir am meisten zu schaffen? Werde ich von Astralwesen belästigt? Wie kann ich mich davor schützen? Spüre und akzeptiere ich meinen Körper? Wie finde ich zu meiner Herz-Harmonie? Es gibt so viele Negativmeldungen auf der Welt, kann ich überhaupt was tun? Das sind einige der Fragen, auf die Anton Styger antwortet und gleichzeitig unsere Möglichkeiten aufzeigt, um sie für sich selbst und auch für andere zu lösen, um wieder gesund und zufrieden zu werden.

Im ersten Gebetsbüchlein von Anton Styger wird darauf hingewiesen, dass sich um den ganzen Erdball ein großes Netz an Leidensenergien gibt. Alle Menschen sind darin gefangen. Sehen wir am TV in den Nachrichten einen Unfall, eine große Tragödie, wie Überschwemmung, Lawine usw. so leiden wir alle wegen dieser Opfer. Sie tun uns leid, so sehr, dass auch wir körperlich darunter leiden. Dadurch verstärken wir das Leiden und den Schmerz und somit sind die Angehörigen dort noch mehr mit Traurigkeit und Schmerzen bedrückt. Das Gebetsbüchlein endet mit einer Durchsage und Ritual des Erzengels Gabriel 2011 an alle Menschen:

„Gabriel meint, es wäre von großem Vorteil, wenn wir uns bei solchen Negativ-Meldungen völlig neutral verhielten, dafür aber umso mehr das reine göttliche Liebeslicht anfordern oder visualisieren und dorthin senden würden." *Anton Styger* [150]

Viele Menschen bekamen durch seine Vorträge, Seminare und das Lesen seiner Bücher ein neues Gottesverständnis, das sie wieder zurück zur Lebensfreude führt. Innere Unruhe, Krankheiten und Unglück können auch mit ihrem Vorleben zu tun haben. Konservative Gläubige halten an der Meinung fest, sie seien nur einmal auf der Welt. Anton Styger fragt, weshalb dann ihr Körper oder ihr Unterbewusstsein auf traumatische Erlebnisse reagiert, die sie selber jedoch in diesem Leben noch nie gehabt haben? Zum Beispiel Angst vor der Enge, der Höhe, dem Feuer oder dem Wasser u.a. [151]

Die Freiheit der eigenen Meinung akzeptiert Anton Styger. Er möchte zum Suchen anregen und auffordern, zu unseren Schattenseiten zu stehen und unsere unreifen Taten von früheren Leben anzuerkennen. Wenn wir uns selbst vergeben, können wir dadurch Unerlöstes auflösen. Die Suche nach der Ursache unserer Probleme außerhalb von uns ist meist aussichtslos. Die Ursache liegt beinahe immer in uns und möchte entdeckt und geheilt werden, oft liegt sie unglaublich viele Leben zurück.

6.4.9. Yogananda, „Kriya-Yoga und Gottverwirklichung"

Paramahansa Yogananda (*1893, +1952) als geliebter Weltlehrer und Autor des spirituellen Klassikers und Bestsellers, „Autobiographie eines Yogi", kam 1920 aus seinem Heimatland Indien nach Amerika. Er war der erste große Yogameister, der lange Zeit (über 30 Jahre) im Westen lebte und lehrte; er wird weithin als Vater des Yoga im Westen betrachtet. 1920 gründete er die Self-Realization Fellowship und 1917 die Yogoda Satsanga Society of India, die sein weltweites geistiges Vermächtnis weiterführt.

Ein Lehrbuch und genussvolles Lesevergnügen ist die „Autobiographie von Paramahansa Yogananda". Viele der im Westen auch verwendeten Begriffe, wie die Zusammenhänge des Karma und der Wiedergeburt, die Gesetzmäßigkeit von Wundern sowie die Bedeutung eines Gurus und geistiger Disziplin bekommen eine neue Tiefe. Der Sinn des Lebens, die Bedeutung der Meditation und Verschmelzung des individuellen Bewusstseins mit dem universellen Bewusstsein sind zentrale Themen.

Die Wissenschaft der Kriya-Yoga-Meditation zeigt die grundlegende Einheit aller wahren Religionen auf und die Kunst einer ausgewogenen, gesunden Lebensweise, die zum Wohlbefinden von Körper, Geist und Seele führt. Früher war die Wissenschaft des Kriya-Yoga nur einigen wenigen Gläubigen zugänglich, die der Welt entsagt hatten und ein asketisches Leben in der Einsamkeit führten. Heutzutage ermöglicht die von Paramahansa Yogananda gegründete spirituelle Organisation (SRF/YSS) allen ernsthaften Suchern weltweit den Zugang zu ihr. Die erleuchteten Heiligen Indiens entdeckten die geistige Wissenschaft des Kriya-Yoga vor Urzeiten. Krishna lobpreist sie in der Bhagavad-Gita. Der heilige Patanjali spricht über sie in den Yoga-Sutras. Paramahansa Yogananda erklärte, dass diese uralte Meditationsmethode sowohl Jesus Christus bekannt war als auch einigen seiner Jünger wie Johannes, Paulus und anderen.

Yogananda erzählte in seiner Autobiographie [152] die Begegnung mit Mahavatar Babaji, bevor er 1920 nach Amerika reiste. Mit seinem Segen, teilte Babaji ihm mit, dass er für diese heilige Mission auserwählt worden sei: „Du bist es, den ich auserwählt habe, die Botschaft des Kriya-Yoga im Abendland und in der Neuen Welt zu verbreiten. Vor langer Zeit begegnete ich deinem Guru Yukteswar auf einem Kumbha-Mela und sagte ihm, dass ich dich zu ihm senden würde, damit du seine Schulung empfängst." Dann prophezeite Babaji: „Kriya-Yoga, die wissenschaftliche Technik der Gottverwirklichung, wird sich schließlich über die ganze Erde verbreiten und den Menschen dazu verhelfen, persönlich mit dem transzendenten Gott, ihrem Ewigen Vater, in Verbindung zu treten. Auf diese Weise wird der Kriya dazu beitragen, die Völker einander näherzubringen."

„Alles kann warten,
aber eure Suche nach Gott kann nicht warten."
Paramahansa Yogananda

Im internationalen Hauptsitz der Self-Realization Fellowship in Los Angeles anlässlich des Banketts zur Feier der Rückkehr Paramahansas von seiner achtzehnmonatigen Reise durch Indien und Europa hielt Rajarsi Janakananda (1892–1955) eine Rede. Er wurde später der erste geistige Nachfolger Paramahansa Yoganandas und Präsident der SRF/YSS. Wunderbar beschreibt Rajarsi Janakananda [153] am 3. Januar 1937 das Erlebnis des heilenden Lichts und schildert die Begegnung mit Paramahansa Yogananda:

„Ich war schon immer an der Suche nach der Wahrheit und an Religion interessiert, obwohl ich nie einer Kirche angehörte. Mein Leben war die Geschäftswelt, aber meine Seele war krank, mein Körper geschwächt und mein Geist rastlos. Ich war so nervös, dass ich nicht still sitzen konnte. Nachdem ich Paramahansa begegnet war und einige Zeit mit ihm verbracht hatte, wurde mir bewusst, dass ich ganz still saß; ich war bewegungslos und schien nicht zu atmen. Sehr verwundert darüber sah ich zu ihm auf. Da erschien ein helles weißes Licht, das den ganzen Raum auszufüllen schien. Ich wurde ein Teil dieses wundersamen Lichts. Seit dieser Zeit bin ich frei von Nervosität.
Ich merkte, dass ich etwas Wirkliches entdeckt hatte, etwas, was außerordentlich wertvoll für mich war. Doch zunächst hatte ich mich vergewissern müssen. Erst nach meiner Erfahrung des heilenden Lichts erkannte ich, dass ich Zugang zu einem spirituellen Reich gefunden hatte, das mir zuvor unbekannt gewesen war.
Das Wunderbare an diesen Lehren ist, dass man nicht blind an sie glauben muss. Man erlebt sie. Man *weiß*, dass man weiß, weil man sie erlebt. Gewöhnlich ist sich der Mensch nur seiner Gedanken und der materiellen Welt bewusst, die er riechen, schmecken, berühren, sehen und hören kann. Aber seiner Seele, tief im Inneren, die es ihm ermöglicht zu denken und die äußere Welt durch seine Sinne wahrzunehmen, ist er sich nicht bewusst. Er weiß nichts von DEM, was hinter der Szenerie der äußeren Welt, unmittelbar hinter den Gedanken und Sinnen liegt. Man sollte lernen, die Präsenz dieses göttlichen Lebens, des wirklichen Lebens, zu erkennen – und dann die Vereinigung des eigenen Bewusstseins mit diesem göttlichen Leben erlangen." *Rajarsi Janakananda* [154]

„Dir lege ich mein Leben, all meine Glieder,
meine Gedanken und meine Rede zu Füßen.
Denn sie sind Dein, denn sie sind Dein."
Paramahansa Yogananda

Reichtum ohne Weisheit bringt keine Freude

Ehe Rajarsi Janakananda Paramahansa kennenlernte, war ihm nie der Gedanke gekommen, dass sich der Mensch in weitaus größerem Maße bewusst sein kann, als er es zu dieser Zeit war. Doch nachdem er die Freuden dieser Welt genossen hatte, war er am Ende erschöpft, denn seine Seele war krank, und sein Körper geschwächt. Nichts schien ihn zufriedenzustellen. Reiche Menschen mit großem Besitz sind meistens unzufrieden und unglücklich, denn Reichtum ohne Weisheit bringt keine Freude. Wir alle suchen Freude im Leben; in allem, was wir tun, suchen wir Glück."

**„Von der Notwendigkeit,
westliche und östliche Schätze miteinander zu verbinden"**

„Amerika ist reich an materiellen Errungenschaften, und Indien ist reich an Weisheit des Geistes. Eine Verbindung der beiden wird zu einer idealen Weltzivilisation führen... Die Lehren der Self-Realization Fellowship sind ein Weg, wie man das rechte Bewusstsein entwickelt: Die Wahrnehmung und das innerliche Erleben des Geistes. Paramahansa verlangt von seinen Schülern nicht, etwas nur zu glauben. Er sagt: ‚Übt Kriya-Yoga und entdeckt selbst die Herrlichkeit der Seele in eurem Innern.'" *Rajarsi Janakananda* [155]

7. Der menschliche Weg in der Wahrheit und Freude

7.1. Umkehr, den Fokus auf das richten, was stärkt

> „Eines Tages wirst du aufwachen und
> keine Zeit mehr haben die Dinge zu tun,
> die du schon immer tun wolltest.
> **Tu es jetzt!"**
> *Paulo Coelho*

Die Dankbarkeit

„Suche den vollkommenen Frieden und wenn du in der Stille positiv eingestellt bist, kannst du hinter das Unmittelbare bis in die tiefsten Tiefen schauen. Erkenne deine Bedürfnisse ganz klar, und dann wisse ohne den Schatten eines Zweifels, dass diese Bedürfnisse erfüllt werden, und danke dafür, dass sie erfüllt werden. Versäume nie, Dank zu sagen. Für alles dankbar zu sein ist ein grundlegendes spirituelles Gesetz." *Eileen Caddy* [156]

Das spirituelle Gesetz der Dankbarkeit eröffnet uns die Freiheit zu einem wunderbaren Leben. Uns wird klar, dass Dankbarkeit nicht durch Geld, durch eine Anhäufung von materiellen Dingen und auch nicht durch Macht entsteht. Wir können alle Beschränkungen loslassen und der Vergangenheit gehört das Gefühl der Leere oder der vielen Wunschvorstellungen an.

Dietrich Bonhoeffer und Dankbarkeit:

Dankbarkeit entspringt nicht aus dem eigenen Vermögen des menschlichen Herzens, sondern aus dem Wort Gottes. Dankbarkeit muss darum gelernt und geübt werden.

In der Dankbarkeit gewinne ich das rechte Verhältnis zu meiner Vergangenheit. In ihr wird das Vergangene fruchtbar für die Gegenwart.

Dankbarkeit ist demütig genug, sich etwas schenken zu lassen. Der Stolze nimmt nur, was ihm zukommt. Er weigert sich, ein Geschenk zu empfangen.

Wir hindern Gott, uns die großen geistlichen Gaben, die er für uns bereit hat, zu schenken, weil wir für die täglichen Gaben nicht danken.

Wir dürfen wissen, dass Gott weiß, was wir bedürfen, ehe wir darum bitten. Das gibt unserem Gebet größte Zuversicht und fröhliche Gewissheit.
Es geht in der christlichen Gemeinschaft mit dem Danken, wie sonst im christlichen Leben. Nur wer für das Geringe dankt, empfängt auch das Große.

**Auf die wichtigsten Fragen des Lebens
antwortet man während des Lebens
durch die Art wie man lebt.
Betrachte einmal die Dinge von einer anderen Seite,
als du sie bisher sahst,
denn das heißt ein neues Leben beginnen.**
Marc Aurel

Die Absicht

Es gibt so viele Fakten und Heilungsgeschichten, es müssten doch Übereinstimmungen zwischen den verschiedenen Systemen geben, fragte sich Jonathan Goldman [157], der die Geheimnisse der Klangheilung und die therapeutische Wirkung im Klang auf Körper, Geist und Seele studierte. Und da geschah dann etwas, was sein ganzes Leben veränderte. Er vernahm deutlich eine innere Stimme. Sie sagte: „Nicht die Frequenz und der Klang erzeugen die Wirkung, sondern auch die Absicht des Anwenders." Daraufhin schrieb er die Formel „Frequenz + Absicht = Heilung" nieder. Nun hatte sich sein Leben geändert – alles ergab einen Sinn. Er fragt sich auch, stimmt das Sprichwort: „Wo der Wille ist, ist auch ein Weg?"
Das Synonym von Absicht ist auch Wille, Bestreben, was für Gedanken habe ich, was für Intention. Will ich, dass alles im göttlichen Plan geschieht oder ist primär mein persönlicher Vorteil wichtig? Was ist mein Ziel? Die Antworten sind unterschiedlich wie die Menschen, verschaffe ich mir Klarheit, ebnet es oft den Weg und verändert das Leben, wie bei Jonathan Goldman.

**Die göttliche Kraft ist überall verbreitet
und die ewige Liebe ist überall wirksam.**
Johann Wolfgang von Goethe

Liebe das Ganze, weil das Ganze Liebe ist!

Die Liebe ist die Lösung aller Probleme. Die Liebe ist der Schlüssel zu allen Türen der menschlichen Seele. Die Liebe ist die Kraft aller schöpferischen Kräfte in der Natur. Die Liebe ist eine Wissenschaft, die man noch nicht genügend erforscht hat. Der Mensch, der dieses Wissen in sich hat und ohne Einschränkung liebt, der ist mächtig.

Das Hohelied der Liebe

1 Kor 13,4ff Die Liebe ist langmütig, / die Liebe ist gütig. / Sie eifert sich nicht, / sie prahlt nicht, / sie bläht sich nicht auf. Sie handelt nicht ungehörig, / sucht nicht ihren Vorteil, / lässt sich nicht zum Zorn reizen, / trägt das Böse nicht nach. Sie freut sich nicht über das Unrecht, / sondern freut sich an der Wahrheit. Sie erträgt alles, / glaubt alles, / hofft alles, / hält allem stand. Die Liebe hört niemals auf. / Prophetisches Reden hat ein Ende, / Zungenrede verstummt, / Erkenntnis vergeht. Denn Stückwerk ist unser Erkennen, / Stückwerk unser prophetisches Reden; wenn aber das Vollendete kommt, / vergeht alles Stückwerk.

Verzeihen

Jesus lässt sich mit Sündern ein und schenkt ihnen seine Freundschaft – vor jeder Leistung ihrerseits.

Diese Begegnung öffnet ihnen die Augen und gibt ihnen Kraft und Mut, ihr Leben zu ändern. Das hat Auswirkungen auf ihre Beziehungen zu den Mitmenschen und lässt sie Frieden mit sich selbst finden.

Sogar angesichts schlimmster Schuld bittet Jesus:

Vater, vergib ihnen, denn sie wissen nicht, was sie tun.
Lk 23, 34

Dies sind die letzten Worte Jesu vor seinem Tod. Er spricht sie aus wie ein Testament, das andere auch vollziehen sollen:

**Ich habe euch ein Beispiel gegeben,
damit auch ihr so handelt,
wie ich an euch gehandelt habe.**
Joh 13, 15

Jesus zeigt, dass Vergebung fundamental dazugehört für jemanden, der an ihn glaubt. Vergebung hat Vorrang:

Mt 5,23ff. Wenn du deine Opfergabe zum Altar bringst und dir dabei einfällt, dass dein Bruder etwas gegen dich hat, so lass deine Gabe dort vor dem Altar liegen; geh und versöhne dich zuerst mit deiner Schwester / deinem Bruder, dann komm und opfere deine Gabe.

Mt 5,25f. Schließ ohne Zögern Frieden mit deinem Gegner, solange du mit ihm noch auf dem Weg zum Gericht bist. Sonst wird dich dein Gegner vor den Richter bringen und der Richter wird dich dem Gerichtsdiener übergeben und du wirst ins Gefängnis geworfen. Amen, das sage ich dir: Du kommst von dort nicht heraus, bis du den letzten Pfennig bezahlt hast.

Jesus scheint es zu irritieren, wenn man Zeit verliert, und in sich selbst und dem Irrtum eines Streites verharrt statt sich zu versöhnen. Vergebung hat keine Grenzen. Auf die Frage: „Wie oft muss ich vergeben?" antwortet Jesus mit der symbolischen Zahl, das bedeutet, wir sollten nicht zählen wie oft wir vergeben:

„Nicht siebenmal, sondern siebenundsiebzig-mal."
Mt 18,21-22

Vergebung hat keine Einschränkungen

Ich aber sage euch: Liebet eure Feinde und betet für die, die euch verfolgen, damit ihr Töchter und Söhne eures Vaters im Himmel werdet; denn er lässt seine Sonne aufgehen über Bösen und Guten, und er lässt regnen über Gerechte und Ungerechte. *Mt 5,43-47*

Im Verzeihen des Unverzeihlichen,
kommt der Mensch der göttlichen Liebe am nächsten.
Gertrud von Le Fort

Im nachfolgenden persönlichen Verzeihungsgebet schließen wir alle und alles ein und senden Liebe, Licht und Freude für den bestmöglichen Weg:

Ich verzeihe allen und alle verzeihen mir,
ich verzeihe auch mir selbst.
Gottes Liebe fließt in mein Herz.
Mein Herz ist voll Liebe und Weisheit.
Alle meine Zellen sind mit Liebe, Licht und Freude erfüllt.
Liebe gewinnt!

Ich lebe im Licht, ich liebe im Licht, ich lache im Licht.
Ich werde getragen und genährt vom Licht
und diene voller Freude dem Licht.
Ich bin Licht, ich bin Licht, ich bin Licht.

Ich kann jetzt auf meinem Entwicklungsweg
den bestmöglichen Weg weitergehen.
Ich erhalte den Platz, der mir vom göttlichen Licht zusteht.
Liebe und Licht begleitet mich. Danke!
Richard Spildenner und unbekannte Quelle

7.2.   Der Reinigungsprozess

Die Frucht von Loslassen, ist die Geburt von etwas Neuem.
Meister Eckhart

„Saget mir doch, wer die wilden Waldtauben, Häher und Amseln gelehret hat, sich mit Lorbeerblättern zu purgieren und die Turteltäublein und Hühner mit St. Peterskraut? Wer lehret Hunde und Katzen das betaute Gras fressen, wann sie ihren Bauch reinigen wollen? Wer unterweiset die Schwalbe, daß sie ihrer Jungen blöder Augen mit Chelidonio arzeneien soll? Wer instruiert die Schlange, daß sie Fenchel esse, wann sie ihre Haut abstreifen will? Schier durfte ich sagen, daß ihr eure Künste und Wissenschaften von uns Tieren erlernet habt. Aber ihr freßt und sauft euch krank und tot, das tun wir Tiere nicht. Ein Löwe und ein Wolf, wann er zu fett werden will, so fastet er, bis er frisch und gesund wird." *Antwort Simplicius Simplicissimus seinem Herrn in J. J. C. Von Grimmelshausens Roman „Der Abentheuerliche Simplicissimus"*

Fasten ist ein Weg, Körper, Geist und Seele von belastenden Dingen zu befreien. Hilfreich ist, sich schon vorab gut mit dem Fasten zu beschäftigen und sich auch zu fragen, weshalb möchte ich gerne fasten, was erwarte ich bzw. kenne ich ein paar Körperreaktionen? Z.B. auftretende Kopfschmerzen, Hungergefühl, Gedanken, die alles in Frage zu stellen, usw. Ein Grund wäre auch zu lernen, mit weniger glücklich zu sein. Nicht zu vergessen, Fasten ist immer freiwillig und mehr als nur ein Verzichten. Es ist ein Innehalten, sich Fragen zu stellen und nicht gleich Antworten zu wissen.

Die notwendigen Fragen
Wer bestimmt über deine Zeit?
Über wessen Zeit bestimmst du?
Wer ernährt dich? Wen ernährst du?
Wer lehrt dich? Wen lehrst du?
Wer liebt dich? Wen liebst du?
Wer tauscht sich aus mit dir?
Wer besitzt dich, besetzt dich?
Wen besitzt du, vom wem bist du besessen?
Wer bestimmt über deine Gedanken?
In wessen Gedanken sitzt du?
Wem bist du etwas schuldig?
Wer ist dir etwas schuldig geblieben?
Wer geht dir durch den Kopf?
Wer geht dir unter die Haut?
Was treibt dich und jagt dich?

Wer plagt dich? Wer ist dir eine Last?
Jetzt weißt du, was du hast.
Luisa Francia, „Zaubergarn"

„Fastenärzte bezeichnen das Fasten auch als ‚Operation ohne Messer' und Fasten führt zu einer tiefen Verbundenheit mit sich selbst, mit anderen Menschen und mit der Natur, deren Luft wir atmen, deren Wasser wir trinken, die uns nährt, von der wir also leben. Aus dieser Verbundenheit mit allen und allem wächst die Bereitschaft, sich für Gerechtigkeit, Frieden und Bewahrung der Schöpfung einzusetzen." *Dr. med. Max Otto Bruker* [158]

Dr. Bruker war ein Pionier auf dem Gebiet der aufklärenden Gesundheitsliteratur. Damals wie heute gelten seine Ratgeber als unverzichtbares Rüstzeug. Die Aussagen Brukers sind wissenschaftlich einwandfrei und gut verständlich. In seinem Standardwerk „Fasten – aber richtig" bietet er eine lebendige Einführung in die Praxis des Fastens. Präventiv und therapeutisch hat das Fasten einen hohen Stellenwert.

**„Meine Religion lehrt mich,
dass wir immer dann,
wenn wir eine Notlage nicht beheben können,
fasten und beten müssen."**
Mahatma Gandhi

Über 40-jährige Fastenerfahrung fließen in die Literatur von Dr. Rüdiger Dahlke [159] (Siehe Kap. 6.4.4.) ein. Sein Anliegen ist es nicht, Angst zu machen, sondern aufzurütteln und diejenigen zu motivieren, die nur noch einen kleinen Anstoß brauchen, um aktiv etwas in Richtung Entgiftung und Entschlackung zu unternehmen. Nur durch das Loslassen von Altem kann überhaupt erst Neues ins Leben treten. Nicht missionierend andere unter Druck zu setzen, sondern im Gegenteil geht Dr. Dahlke davon aus, dass nur diejenigen Menschen, die im Fluss des Lebens sind, intuitiv spüren können, was ihnen gut tut. Diese können ihrer inneren Stimme folgen und werden auch das Richtige für sich tun. Was einem selbst geholfen hat, kann oft auch anderen gut tun, muss es aber nicht unbedingt. Es zeichnet einen Menschen, der seine eigene Mitte gefunden hat, aus, dass er anderen die Freiheit lässt, selbst herauszufinden, was zu ihrem Weg gehört. Alle Veränderungen, sogar die meist ersehnten, haben ihre Melancholie. Das, wovon wir uns verabschieden, war ein Teil unserer selbst.

Die große Umkehr

**„Wer sich mit der Krankheit beschäftigt,
hält sie fest und
versperrt der göttlichen Kraft den Weg."**
Bruno Gröning

Immer wieder rief Bruno Gröning (Kap. 6.4.6.) die Menschen zur „großen Umkehr" auf. Er mahnte die Menschen, den Glauben an das Gute in die Tat umzusetzen, sich von der Krankheit trennen und an die Gesundheit glauben.

Das Festhalten behindert den Heilungsprozess und kann ihn sogar unmöglich machen. Der Mensch soll sich von der Krankheit trennen, sie nicht als sein Eigentum betrachten, sondern in ihr ein Übel sehen.

> **„Die Krankheit gehört nicht zum Menschen!"**
> *Bruno Gröning* [160]

Die Reinigung des Körpers kann zunächst Schmerzen verursachen

Manche Menschen bekommen bei Aufnahme des Heilstroms (siehe Kap. 6.4.6. Bruno Gröning) Schmerzen. Dieses Phänomen bezeichnete Bruno Gröning als „Regelung". Sie ist ein Zeichen für die beginnende Umstellung im Körper. Die Regelungsschmerzen sind mit denen der Krankheit nicht zu vergleichen. Sie werden durch den Heilstrom bewirkt und sind Ausdruck einer Reinigung der erkrankten Organe.

Kurt Trampler (Geheilter, zeitweiliger Mitarbeiter Bruno Grönings, Journalist und Buchautor) [161] schreibt: „Auch der Regelungsschmerz verwirrt die Hilfesuchenden oft genug. Der Regelungsschmerz muss sein. Es befürchten oft einzelne Menschen, wenn der Regelungsschmerz einsetzt, dass ein Rückfall eingetreten sei. Sie bekamen Furcht und sagten: ‚Es ist noch schlimmer, gehen wir zum Arzt.' Gröning: ‚Deswegen mache ich Sie aufmerksam, wenn der Regelungsschmerz kommt, das zu erdulden. Es passiert nichts Schlimmes, sondern nur, dass der Mensch gesund wird.' Die Form der Regelungen kann durchaus unterschiedlich sein. Die Schmerzen können denen der Krankheit ähnlich, bisweilen sogar stärker sein. Sie können sich aber auch ganz anders äußern. Das ist von Mal zu Mal verschieden, da jeder menschliche Körper individuell auf die Heilkraft reagiert."

Umkehr bedeutet auch, alles was wir haben mit Weisheit zu nutzen und Gott zu danken. In vielen Bibelstellen ist der rechte Umgang mit all den Gaben Gottes ein Thema. Nicht Armut ist anzustreben und es ist keine Tugend, mittellos zu sein. Geld ist weder gut oder schlecht; es ist da, um gebraucht zu werden, es sollte im Umlauf bleiben und nicht gehortet werden.

In der Bibelstelle vom reichen Mann und vom armen Lazarus (Lk 16,19-31) ist nicht Gott, der straft und den Menschen zur Verantwortung zieht, der Mensch selbst trägt die Verantwortung. Gott liebt alle seine Kinder, unabhängig ob reich oder arm. Lazarus ist in einer Lebenssituation, wo Hilfe dringend notwendig ist. In der Geschichte wird nicht erzählt, dass der Reiche das Haus verkaufen sollte, sondern das, was übrig bleibt, das würde Lazarus genügen. Hier geht es in erster Linie um Mitgefühl, Barmherzigkeit und Liebe zu allen unseren Schwestern und Brüdern, sie machen unseren Planeten zu einem wunderbaren Wohnort für alle.

Wir brauchen nicht so fortzuleben, wie wir gestern gelebt haben.
Macht euch nur von dieser Anschauung los,
und tausend Möglichkeiten laden uns zu neuem Leben ein.
Christian Morgenstern

Von den zwei Wegen

Geht durch das enge Tor! Denn das Tor ist weit, das ins Verderben führt. Und der Weg dahin ist breit und viele gehen auf ihm.
Aber das Tor, das zum Leben führt, ist eng und der Weg dahin ist schmal und nur wenige finden ihn.
Mt 7,13f.

Jesus im Gespräch über den Weg zum Vater:
Euer Herz lasse sich nicht verwirren. Glaubt an Gott und glaubt an mich!
Im Haus meines Vaters gibt es viele Wohnungen. Wenn es nicht so wäre, hätte ich euch dann gesagt: Ich gehe, um einen Platz für euch vorzubereiten?
Wenn ich gegangen bin und einen Platz für euch vorbereitet habe, komme ich wieder und werde euch zu mir holen, damit auch ihr dort seid, wo ich bin.
Und wohin ich gehe – den Weg dorthin kennt ihr.
Thomas sagte zu ihm: Herr, wir wissen nicht, wohin du gehst. Wie sollen wir dann den Weg kennen?
Jesus sagte zu ihm: Ich bin der Weg und die Wahrheit und das Leben; niemand kommt zum Vater außer durch mich.
Joh 14,1-6

Wir müssen einem Leben Lebewohl sagen,
bevor wir in ein anderes eintreten können.
Anatole France

7.3.   Der Augenblick - Aphorismen und Zitate

"Mein sind die Tage nicht, die mir die Zeit genommen. //
Mein sind die Jahre nicht, die etwa möchten kommen. //
Der Augenblick ist mein.
Und nehm ich den in acht, //
so ist der mein,
der Jahr und Ewigkeit gemacht."
Andreas, Gryphius, Epigramme

Zielvorstellungen werden von persönlichen Lebensumständen geprägt; andererseits entstehen sie aber auch aus der regelmäßigen Praxis des beständigen Lernens. Durch das bewusste Wahrnehmen des Augenblicks wird alles zum Lehrer: Die Signale des Körpers und des Geistes, jeder Schmerz, jede Freude, unsere Erfolge und Misserfolge, unsere Mitmenschen und unsere Beziehung zur Natur. Wenn die innere Einstellung der Achtsamkeit in jedem Augenblick des Lebens gepflegt wird, gibt es nichts, keine Handlung und keine Erfahrung, die uns nicht etwas Wesentliches über uns selbst offenbart, einfach dadurch, dass sie uns das Spiegelbild unseres Geistes und Körpers vorhält.

> "(...) jeder angenehme Augenblick hat Werth für mich –
> Glückseligkeit besteht nur in Augenblicken –
> ich wurde glücklich, da ich das lernte." -
> *Caroline Schelling* [162]

Das starre Befolgen von Rezepten und Anwendungen allein reicht nicht aus, um die heilende Kraft der Achtsamkeit zu entwickeln. Wirkliches Lernen hat damit wenig zu tun. Erst wenn der Geist offen und empfänglich ist kann es zu Weiterentwicklung, Einsicht und Wandlung kommen. Die Praxis der Achtsamkeit durchdringt alle Bereiche des Lebens, das ganze Sein.

> "Was aber ist denn dies mein Selbst?
> Wollte ich von einem ersten Augenblick sprechen,
> einem ersten Ausdruck dafür,
> so ist meine Antwort:
> es ist das Abstrakteste von allem,
> das doch in sich zugleich das Konkreteste von allem ist -
> es ist die Freiheit."
> *Soren Kierkegaard, Entweder*

> "Wenn denn die Fesseln,
> welche uns an ihre Eitelkeit der Kreatur geknüpft halten,
> in dem Augenblicke,
> welche zu der Verwandlung unsres Wesen bestimmt worden,
> abgefallen sein,
> wo wird der unsterbliche Geist,
> von der Abhängigkeit der endlichen Dinge befreit,
> in der Gemeinschaft mit dem unendlichen Wesen,
> den Genuss der wahren Glückseligkeit finden."
> *Immanuel Kant* [163]

„Für uns gläubige Physiker hat die Scheidung zwischen Vergangenheit, Gegenwart und Zukunft nur die Bedeutung einer wenn auch hartnäckigen Illusion.",
schrieb Einstein 1955 kurz bevor er starb in einem Kondolenzbrief anlässlich des Todes eines Freundes Michele Besso. Wenn die Zeit also gar nicht existiert, sondern bloß eine Illusion ist, dann gibt es in Wirklichkeit gar keinen Ablauf von Ereignissen. Das ist nur unsere subjektive irrige Empfindung – obwohl man das schwer glauben kann, wenn man doch häufig viel zu wenig Zeit hat oder ängstlich auf seinen Alterungsprozess starrt. Genießen wir den Augenblick mit Achtsamkeit:

Wir würden vor dem Glühwürmchen
ebenso ehrfürchtig stehen wie vor der Sonne,
wenn wir nicht an unsere Vorstellung
von Gewicht und Maß gebunden wären.
Kahlil Gibran

8. Das unbegrenzte Leben

8.1. Physische Unsterblichkeit

„Ende der Sehnsucht. Anleitung zum Leben im Paradies" dieser hoffnungsvolle Titel des schmalen Büchleins verspricht einiges. Die Autoren sind Leonard Orr (USA), Konrad Halbig (Deutschland) und Franz Simon (Österreich). Franz Simon ermuntert die Menschen den ersten Schritt zu tun, der genau dort beginnt, wo jede Veränderung und Gestaltung des Planeten anfangen sollte, nämlich bei sich selbst. Mit viel treffendem Humor und Einfühlungsvermögen geschrieben, behandelt es ein Thema, welches nur jeder allzu gut kennt: Die vielen kleinen Tode des täglichen Lebens. Es geht um Lebendigkeit im wahrsten Sinne des Wortes und soll Mut machen und den Leser ein Stück weit auf dem Weg der Erkenntnis und Heilung begleiten. Das Paradies (nicht das Schlaraffenland) existiert auf dieser Erde, wenn wir bereit sind, mit unserem Selbst und der göttlichen Liebe in Verbindung zu treten. [164]

Leonard Orr (USA) findet den Tod ungesund und hat praktische Initiativen und Taten, die in eine dauerhafte Lebendigkeit mündet. Es gibt grundsätzlich zwei Arten von Gedanken:
„Gedanken über die erschaffene Wirklichkeit, und Gedanken über Gott, die Ewige und Unerschaffene Wirklichkeit. Gott ist der Schöpfer. Wir können über Ihn nur nachdenken, weil wir eins mit Gott sind. Gott ist Natur, ist unsere Natur. Wir können nach innen schauen und sehen, was Gott ist – wie Er sich ausnimmt – wenn wir tief genug nach innen schauen." *Leonard Orr* [165]

> **Worauf immer wir unsere Aufmerksamkeit richten,**
> **wird gedeihen und Wirklichkeit werden.**
> **Wenn wir also unser wahres Selbst suchen –**
> **um Grenzenlosigkeit zu erfahren –**
> **dann ist der einfachste Weg,**
> **sich dem unbegrenzten Göttlichen Selbst zuzuwenden.**
> *Jasmuheen* [166]

Die Menschheit ist in dem Bewusstsein und Glauben der Beschränkung über Jahrtausende lang eingesperrt gewesen. Jasmuheen weist darauf hin, das die Entscheidung sich von Licht zu ernähren, nicht automatisch ewige Jugend beinhaltet. Jugend, Altern und Tod können weiterhin erfahren werden. Es ist dazu eine bewusste Ausdehnung der Unsterblichkeit der Seele auf den Körper notwendig. Folgende drei Schritte gehören nach Jasmuheen [167] dazu:

1. Den Glaubenssatz, dass wir sterben müssen, loslassen.
2. Alle Negativität – in deinen Gedanken und Gefühlen – aus den Energiefeldern des Körpers gehen lassen.
3. Den physischen, emotionalen und mentalen Körper meistern.

Erwartung und Glaube

Die mentale Erwartungshaltung und der Glaube an die Notwendigkeit des Todes sind so dominant gewesen, dass Drüsen wie die Hirnanhangdrüse und die Zirbeldrüse „Todeshormone" produzieren, statt ihre Aufgabe der natürlichen Lebenserhaltung und Regeneration zu erfüllen. Genaue Untersuchungen zeigen auch, dass der Körper die komplexeste sich selbst erhaltende Molekularstruktur aufweist, die man sich vorstellen kann. Neue Zellen werden milliardenfach produziert (siehe auch Kap. 3.2. Mysterium Leben: Zellgedächtnis, Zellerneuerung, Resonanzgesetz).

Der Mensch und seine unbegrenzte Freiheit

Im sichtbaren Menschen finden wir alle Sorgen und Begrenzungen, die der Welt zu eigen sind. Sobald wir uns des Körpers bewusst werden, sind wir auch an die körperlichen Begrenzungen gebunden. Deshalb lehren uns die großen Meister, die Augen zu schließen und uns in der Meditation des unsichtbaren Menschen zu erinnern – zu erkennen, dass wir nicht auf das beschränkt sind, was der physische Körper tun kann.
Der Mensch ist Gott zum Bilde erschaffen und wir sollen jetzt erkennen, dass wir frei und unsterblich seid! Dann werdet ihr auch eure Fesseln an den physischen Körper erkennen, wie Anhänglichkeit, durch das geistige und emotionale Verlangen nach bestimmten körperlichen Erlebnissen. In tiefer Meditation löst diese Bindungen und seid ihr frei und wisst, dass ihr in Wirklichkeit ein Ebenbild Gottes seid.

> **Sucht nach diesem unsichtbaren Menschen in Euch,**
> **der im Dschungel körperlicher Wahrnehmungen**
> **und der Materie gefangen liegt!** [168]

„Hängt nie dem Gedanken nach, dass ihr älter werdet und ins Grab sinken müsst. Ihr bereitet euch nur auf euren unsterblichen Zustand vor! Nichts stirbt. Die kausale Schablone eures Körpers ist ständig im Äther gegenwärtig. Euch kommt es so vor, als ob ihr eure verschiedenen Lieben auf immer verloren hättet, weil ihr nicht die Konzentrationskraft besitzt, sie in ihrem feinstofflichen Körper in der Astralwelt zu sehen, wo sie sich jetzt befinden. Haltet eure Gedanken auf diese Wahrheiten gerichtet, und wiederholt in stillen Augenblicken immer wieder: ,Ich bin das Urbild eines Gedanken Gottes. Ich bin unsterblich und bewege mich in alle Ewigkeit im Reich Gottes.' " *Yogananda* [169]

Ich will dich erheben, mein Gott, du König,
und deinen Namen loben immer und ewiglich.

Ps 145,1

Yogananda beschreibt es in seiner Biografie [170]: Im Savikalpa-Samadhi vereinigt sich der Gottsucher vorübergehend mit dem Geist, kann das kosmische Bewusstsein aber nur im unbeweglichen Trancezustand erleben. Durch ausdauernde Meditation erreicht er schließlich den höheren Zustand des Nirvikalpa-Samadhi, in dem er seine Gotteswahrnehmung auch dann nicht verliert, wenn er sich frei umherbewegt und seinen täglichen Pflichten nachgeht. Im Nirvikalpa-Samadhi tilgt der Yogi die letzten Reste seines irdischen Karmas. Dann aber verbleibt noch ein gewisses astrales und kausales Karma, das ihn zwingt, astrale und später kausale Körper auf höheren Schwingungsebenen anzunehmen.

Yoga, eine universelle Wissenschaft

Viele Menschen sind der Meinung, dass es dem indischen Volk leichter falle, Yoga zu üben, und dass sich Yoga nicht für die Menschen des Westens eigne. Für Yogananda stimmt dies jedoch nicht, durch die Fortschritte auf dem Gebiet der Wissenschaft wird ihnen mehr Freiheit gewährt. Einerseits müsse Indien mehr von den fortschrittlichen materiellen Methoden des Abendlandes übernehmen, um seinen Menschen ein freies und leichteres Leben zu ermöglichen, andererseits müssten die praktischen metaphysischen Yoga-Methoden von Indien gelernt werden, die jeden Menschen zu Gott führen können. Yoga ist keine Sekte, sondern eine universelle Wissenschaft, die uns dazu verhilft, Gott zu finden. [171]

Das höchste Ziel des Yoga ist der unsterbliche Yogi.

Der unsterbliche Yogi ist ein vollständiger Meister über Seele, Geist und Körper. Unsterbliche Yogis können überleben und in vollendeter Glückseligkeit existieren, ohne Nahrung und ohne den Komfort der Zivilisation, den die meisten Menschen als wesentlich für das Überleben und Wohlergehen betrachten. Der unsterbliche Yogi ist frei, vollständig frei. Er ist Meister über Tod und Zeit und Raum. Er entwickelt Lichtkörper, die er dematerialisieren kann, in Gedankenschnelle reisen lässt und rematerialisiert. Er ist Meister der Menschlichkeit, seines Geistes und seiner Emotionen. Er lehrt eher durch Beispiel als durch Lesen und Schreiben. Yogapraktiken, die den Tod des Körpers erlauben, sind nur der Schatten des Yoga des ewigen Lebens. *Jasmuheen* [172]

Erwarte Wunder und Wunder geschehen

Erwarte und grenze die Erwartung auf keinerlei Weise ein. Je offener du bist, desto besser, denn dann ist nichts im Weg, was den Fluss der göttlichen Gesetze hemmen könnte, denn Wunder sind nichts weiter als göttliche Gesetze in Aktion. Sieh, wie die

Vollkommenheit des göttlichen Planes sich entfaltet. Da ist kein Gefühl der Hetze oder Eile, alles geschieht in einem tiefen Gefühl des Friedens und der Gelassenheit. *Eileen Caddy* [173]

> **Fürchte dich nicht, denn ich bin in dir.**
> **Sieh dich nicht ängstlich nach Hilfe um, denn ich bin dein Gott:**
> **Meine Entscheidung für dich steht fest, ich helfe dir.**
> **Ich unterstütze dich,**
> **indem ich mit meiner siegreichen Hand Gerechtigkeit übe.**
> *Jes 41,10*

8.2. Bibel und Unsterblichkeit

Die Auferweckung des Lazarus als Zeichen

Joh 11,20ff. Als Marta hörte, dass Jesus komme, ging sie ihm entgegen, Maria aber blieb im Haus. Marta sagte zu Jesus: Herr, wenn du hier gewesen wärest, dann wäre mein Bruder nicht gestorben. Aber auch jetzt weiß ich: Alles, worum du Gott bittest, wird Gott dir geben. Jesus sagte zu ihr: Dein Bruder wird auferstehen. Marta sagte zu ihm: Ich weiß, dass er auferstehen wird bei der Auferstehung am Letzten Tag. Jesus erwiderte ihr:

> **Ich bin die Auferstehung und das Leben.**
> **Wer an mich glaubt, wird leben, auch wenn er stirbt,**
> **und jeder, der lebt und an mich glaubt,**
> **wird auf ewig nicht sterben. Glaubst du das?**

Marta antwortete ihn: Ja, Herr, ich glaube, dass du der Christus bist, der Sohn Gottes, der in die Welt kommen soll. Nach diesen Worten ging sie weg, rief heimlich ihre Schwester Maria und sagte zu ihr: Der Meister ist da und lässt dich rufen. Als Maria das hörte, stand sie sofort auf und ging zu ihm.

Joh 11,39 Jesus sagte: Nehmt den Stein weg! Marta, die Schwester des Verstorbenen, entgegnete ihm: Herr, er riecht aber schon, denn es ist bereits der vierte Tag. Jesus sagte zu ihr: Habe ich dir nicht gesagt: Wenn du glaubst, wirst du die Herrlichkeit Gottes sehen? Da nahmen sie den Stein weg. Jesus aber erhob seine Augen und sprach:

Vater, ich danke dir, dass du mich erhört hast.
Ich wusste, dass du mich immer erhörst;
aber wegen der Menge, die um mich herum steht,
habe ich es gesagt; denn sie sollen glauben, dass du mich gesandt hast.

Nachdem er dies gesagt hatte, rief er mit lauter Stimme: Lazarus, komm heraus! Da kam der Verstorbene heraus; seine Füße und Hände waren mit Binden umwickelt, und sein Gesicht war mit einem Schweißtuch verhüllt. Jesus sagte zu ihnen: Löst ihm die Binden und lasst ihn weggehen!

Apostel Paulus in seinem Korintherbrief 1,15: Jesus ist durch den Tod gegangen und lebt wieder:

So werden in Christus alle lebendig gemacht!

Nun aber ist Christus von den Toten auferweckt worden als der Erste der Entschlafenen. Da nämlich durch einen Menschen der Tod gekommen ist, kommt durch einen Menschen auch die Auferstehung der Toten. Denn wie in Adam alle sterben, so werden in Christus alle lebendig gemacht werden.

Wenn aber Christus nicht auferweckt worden ist,
dann ist euer Glaube nutzlos und ihr seid immer noch in euren Sünden;
Denn wie in Adam alle sterben,
so werden in Christus alle lebendig gemacht werden.
1Kor15,17

1 Kor 15,35ff. Nun könnte einer fragen: Wie werden die Toten auferweckt, was für einen Leib werden sie haben? Was für eine törichte Frage! Auch das, was du säst, wird nicht lebendig, wenn es nicht stirbt. Und was du säst, hat noch nicht die Gestalt, die entstehen wird; es ist nur ein nacktes Samenkorn, zum Beispiel ein Weizenkorn oder ein anderes. Gott gibt ihm die Gestalt, die er vorgesehen hat, jedem Samen eine andere. Auch die Lebewesen haben nicht alle die gleiche Gestalt. Die Gestalt der Menschen ist anders als die der Haustiere, die Gestalt der Vögel anders als die der Fische. Auch gibt es Himmelskörper und irdische Körper. Die Schönheit der Himmelskörper ist anders als die der irdischen Körper. Der Glanz der Sonne ist anders als der Glanz des Mondes, anders als der Glanz der Sterne; denn auch die Gestirne unterscheiden sich durch ihren Glanz. So ist es auch mit der Auferstehung der Toten. Was gesät wird, ist verweslich, was auferweckt wird, unverweslich. Was gesät wird, ist armselig, was auferweckt wird, herrlich. Was gesät wird, ist schwach, was auferweckt wird, ist stark. Gesät wird ein irdischer Leib, auferweckt ein oberirdischer Leib. Wenn es einen irdischen Leib gibt, gibt es auch einen überirdischen. So steht es auch in der Schrift: Adam, der Erste Mensch, wurde ein irdisches Lebewesen. Der Letzte Adam wurde lebendig machender Geist.

Der letzte Feind, der entmachtet wird, ist der Tod. *1Kor 15,26*

Die Verwandlung der Gläubigen und der Sieg über den Tod

1 Kor 15,51f. Seht, ich enthülle euch ein Geheimnis: Wir werden nicht alle entschlafen, aber wir werden alle verwandelt werden - plötzlich, in einem Augenblick, beim letzten Posaunenschall. Die Posaune wird erschallen, die Toten werden zur Unvergänglichkeit auferweckt, wir aber werden verwandelt werden. Denn dieses Vergängliche muss sich mit Vergänglichkeit bekleiden und dieses Sterbliche mit Unsterblichkeit. Wenn sich aber dieses Vergängliche mit Unvergänglichkeit bekleidet und dieses Sterbliche mit Unsterblichkeit, dann erfüllt sich das Wort der Schrift:

Verschlungen ist der Tod vom Sieg.
Tod, wo ist dein Sieg? / Tod, wo ist dein Stachel?

Der Stachel des Todes aber ist die Sünde, die Kraft der Sünde ist das Gesetz. Gott aber sei Dank, der uns den Sieg geschenkt hat durch Jesus Christus, unseren Herrn. Daher, geliebte Brüder und Schwestern, seid standhaft und unerschütterlich, nehmt immer eifriger am Werk des Herrn teil und denkt daran, dass im Herrn eure Mühe nicht vergeblich ist.

Unbegrenztes ewiges Leben

Und ich gebe ihnen das ewige Leben, und sie werden nimmermehr umkommen, und niemand wird sie aus meiner Hand reißen. Mein Vater, der mir sie gegeben hat, ist größer als alles, und niemand kann sie aus des Vaters Hand reißen. **Ich und der Vater sind eins.** *Joh 10,28-30*

Der Gott aller Gnade aber, der euch berufen hat zu seiner ewigen Herrlichkeit in Christus, der wird euch, die ihr eine kleine Zeit leidet, aufrichten, stärken, kräftigen, gründen. *1 Petr 5,10*

Und die Welt vergeht mit ihrer Lust; wer aber den Willen Gottes tut, der bleibt in Ewigkeit. *1 Joh 2,17*

Kämpfe den guten Kampf des Glaubens; ergreife das ewige Leben, wozu du berufen bist und bekannt hast das gute Bekenntnis vor vielen Zeugen. *1 Tim 6,12*

Denn ich bin überzeugt, dass dieser Zeit Leiden nicht ins Gewicht fallen gegenüber der Herrlichkeit, die an uns offenbart werden soll. *Röm 8,18*

Wer aber von dem Wasser trinkt, das ich ihm gebe, den wird in Ewigkeit nicht dürsten, sondern das Wasser, das ich ihm geben werde, das wird in ihm eine Quelle des Wassers werden, das in das ewige Leben quillt. *Joh 4,14*

Erforsche mich, Gott, und erkenne mein Herz;
prüfe mich und erkenne, wie ich's meine.
Und sieh, ob ich auf bösem Wege bin, und
leite mich auf ewigem Wege.
Ps 139-24

Joh 14,6 Jesus spricht zu ihm: **Ich bin der Weg und die Wahrheit und das Leben.** Niemand kommt zum Vater als nur durch mich. Wenn ihr mich erkannt habt, werdet ihr auch meinen Vater erkennen; und von jetzt an erkennt ihr ihn und habt ihn gesehen.

**Ich bin gekommen, damit sie das Leben haben
und es in Fülle haben!**
Joh 10,10

9. Neuer Himmel und neue Erde

Die Offenbarung des Johannes wird in manchen Übersetzungen: „Die Offenbarung Jesu Christi durch Johannes" oder die Apokalypse (altgriech. „Enthüllung") genannt. Der umfassende Sinn jedes Evangeliums als Frohbotschaft lässt sich oft nur schrittweise erfassen, wenn der Mensch in der Stille dem Wort Gottes lauscht. Freude und Friede, Glückseligkeit und Hoffnung kehren ein in sein Leben. Das neue Jerusalem ist nicht mehr beschränkt auf ein Volk, ein Land oder einen Ort, sondern es ist Gottes Wohnen im Menschen:

Die neue Welt Gottes:
Gottes Wohnen unter den Menschen
Offb. 21,1-8

Dann sah ich einen neuen Himmel und
eine neue Erde;
denn der erste Himmel und
die erste Erde sind vergangen,
auch das Meer ist nicht mehr.

Ich sah die heilige Stadt, das neue Jerusalem,
von Gott her aus dem Himmel herabkommen;
sie war bereit wie eine Braut,
die sich für ihren Mann geschmückt hat.

Da hörte ich eine laute Stimme
vom Thron her rufen:
Seht, die Wohnung Gottes unter den Menschen!
Er wird in ihrer Mitte wohnen
und sie werden sein Volk sein,
und Er, Gott mit ihnen,
wird bei ihnen sein.

Er wird alle Tränen von ihren Augen abwischen.
Der Tod wird nicht mehr sein,
keine Trauer, keine Klage, kein Mühsal.
Denn was früher war, ist vergangen.

Er, der auf dem Thron saß,
sprach: Siehe, ich mache alles neu!
Und er sagte: Schreib es auf,
denn diese Worte sind zuverlässig und wahr!

Er sagte zu mir:
Sie sind in Erfüllung gegangen.
Ich bin das Alpha und das Omega, der Anfang und das Ende.
Wer durstig ist, den werde ich umsonst aus der Quelle trinken lassen
aus der das Wasser des Lebens strömt.

Wer siegt, wird dies als Anteil erhalten:
Ich werde sein Gott sein und er wird meine Tochter und mein Sohn sein.

Trotz der vielen Überarbeitungen im Laufe der Zeit beinhaltet die Offenbarung des Johannes noch immer zeitlose Textstellen. Sie zeigt auf, das göttliche Ziel ist nicht irgendwo, es ist hier auf Erden und die Gottverbundenheit wird erreicht durch Glaube und Vertrauen. Das Leben Jesus zeigt dem Menschen nicht nur Zukunftsaussichten, sondern im Hier und Jetzt ist der neue Himmel und die neue Erde greifbar nahe.

Ich gebe ihnen ewiges Leben.
Sie werden niemals zugrunde gehen und
niemand wird sie meiner Hand entreißen.
Mein Vater, der sie mir gab, ist größer als alle und
niemand kann sie der Hand meines Vaters entreißen.
Ich und der Vater sind eins.
Joh 10,28ff.

Wenn wir einmal schon den Fuß auf diesen spirituellen göttlichen Pfad gesetzt haben, dann kommt unser Leben in Bewegung und nichts bleibt, wie es war. Alles was zu tun ist, in der Stille ruhig und vertrauensvoll sich Ihm anzuvertrauen. Das Neue wird sich rings um uns und in uns in wahrer Freiheit und Vollkommenheit entfalten können, die Erkennungszeichen sind Liebe und Wahrheit. Der Mensch hat immer die Freiheit und die Wahl. Würde uns diese freie Wahl genommen, wären wir Marionetten. Die Menschen, die bereit sind, Seinen Willen zu tun und auf Seinen Wegen zu gehen, leiten das Neue Zeitalter ein. Warum mit dieser Entscheidung bis morgen warten? Entscheide dich heute!

Mensch!
Du bist die Welt. Du bist-die Ewigkeit.
du hast unermessliche Kräfte.
Deine Möglichkeiten sind Grenzenlos.
Du bist die Verkörperung des Schöpfers.
In dir ist Sein Wille,
durch seine Bestimmung veränderst du die Welt.
In dir ist Seine Liebe,
Liebe alles Lebendige, wie Er,
der dich erschaffen hat.
Verbittere dein Herz nicht,
denke über das Gute,
mach Gutes.
Das Gute wird mit Langlebigkeit zurückkehren.
Die Liebe wird Unsterblichkeit schenken,
Der Glaube und die Hoffnung Klugheit.
Mit dem Glauben und Liebe
werden deine unsehbaren Kräfte aufleben.
Und du wirst das erlangen, wovon du träumst.
Unsterblichkeit das ist das Gesicht des Lebens.
Genau so wie das Leben,
das ist die Spur der Ewigkeit.
Erschaffe, um in der Ewigkeit zu leben.
lebe, um die Ewigkeit zu erschaffen.
Grigori Grabovoi

126

10. Literaturverzeichnis*

Baltes, P. B., Was wissen wir über das Alter(n)? 1997
https://www.base-berlin.mpg.de/de/projektinformation/ergebnisse (191009)

Bergauf 04.2018, Mitgliedermagazin des Österreichischen Alpenvereins Nr. 4/18, Hsg, 73 (143) Hrsg. Österreichischer Alpenverein

Bock, Klaus Dietrich, Wissenschaftliche und alternative Medizin. Paradigmen – Praxis – Perspektiven. Springer Nature, Schweiz, 2018
https://rd.springer.com/book/10.1007/978-3-642-78170-4#siteedition-corporate-link (20190411)

Bruker, Dr. med. M. O., Gutjahr, Ilse, Fasten – aber richtig! Ein Ratgeber aus der Sprechstunde. Dr.med. Jürgen Birmanns, Lahnstein, Jänner 2001

Caddy, Eileen, Herzenstüren öffnen. Findhorn – Greuthof. Herausgegeben von David Earl Platts. Neu überarbeitete Übersetzung, Freiburger Graphische Betriebe, Greuthof, Gutach 2004

Chopra, Deepak, Die heilende Kraft in mir: Altindisches Wissen und moderne Naturwissenschaft. Verlag Driediger, 5. Auflage 2016, D 49124 Georgsmarienhütte

Dahlke, Rüdiger, Doris Ehrenberger. Wege der Reinigung. Entgiften, Entschlacken, Loslassen. Vom Apfelessig, Grapefruitkernextrakt, Schwarzkümmelöl bis zum Fasten. Irisiana. Eine Buchreihe hrsg. von Margit und Ruediger Dahlke. 3. Aufl., Hugendubel, München 1998

Die Bibel in der Einheitsübersetzung. Altes und Neues Testament. Die Bibelzitate wurden, wenn nichts anderes angeführt wird, von der Internetseite der Universität Innsbruck, Theologische Fakultät, entnommen: https://www.uibk.ac.at/theol/leseraum/bibel/ Die Bibel in der Einheitsübersetzung (20190411)

Die Heilige Schrift. Aus dem Grundtext übersetzt. Elberfelder Bibel, revidierte Fassung, R. Brockhaus Verlag Wuppertal und Zürich. 4. Sonderauflage, 1995

Die Wunderheilungen des Bruno Grönings. Hrsg. Thomas Busse. Die Herforder Zeit. Grete Häusler Verlag, 2. Auflage, Wegberg, 1995

Dreien, Bernadette von, Christina, Zwillinge als Licht geboren, Band 1, Govinda-Verlag, 8. Auflage, Rheinau, September 2018

Feldenkrais, Moshé, Das starke Selbst. Anleitung zur Spontaneität, Suhrkamp, Frankfurt a.M., 1992

Goldman, Jonathan, 7 Geheimnisse der Klangheilung. Die therapeutische Wirkung von Klang auf Körper, Geist und Seele. Süd-West Verlag, München, 2008

Grabovoi, Grigori, Wiederherstellung des menschlichen Organismus durch Konzentration auf Zahlen, Jelezky Publishing, 2013 und http://www.grabovoi.de/ (20190411)

Gruden, Vladimir, Prof. Dr., Bracos Blick, Ungekannte Endlosigkeit, Hrsg. Budenje d.o.o., Srebnjak 1, Zagreb, 2016

Harner, Michael, Der Weg des Schamanen. Das praktische Grundlagenwerk zum Schamanismus. Heinrich Hugendubel Verlag, Kreuzlingen/München, 2007

Harner, Michael, Höhle und Kosmos. Schamanische Begegnungen mit der verborgenen Wirklichkeit. Ansata Verlag, München, 2013

Hausmann, Wolfgang Dr.jur. Unter Mitwirkung von Dr.jur. Rolf Reinhard, Rechtsanwalt Peter Quast, Ass.jur. Martin Reichhart. Der GROSSE PROZESS gegen Bruno Gröning 1955-1959, Grete Häusler GmbH, Köfering

Heim, Burkhard, Dröscher, Walter, Strukturen der physikalischen Welt und ihre nichtmaterielle Seite, Verlag Resch, Innsbruck, 2007

Herzner, Robert A., Schamanismus. Schlüssel zum Glauben. Ein Erkenntnisweg. Va bene Verlag, Wien; Klosterneuburg, 2000

Hawkins, David R., Erleuchtung ist möglich. Wie man die Ebenen des Bewusstseins durchschreitet. Sheema MedienVerlag, 3. Auflage, 83093 Antwort, 2013

Hildegard von Bingen, „Liber Vitae Meritorum", Buch der Lebensverdienste

Horny, Franziska, Frauen und Schamanismus, in: mona rut, 7 Jahre frauenkreise, epubliGmbH., Berlin. 2015

Jasmuheen, In Resonanz. Das Geheimnis der richtigen Schwingung. Koha-Verlag, Burgrain, 2009

Jasmuheen, Lichtnahrung. Die Nahrungsquelle für das kommende Jahrtausend. Koha-Verlag, Burgrain, 1997

Jasmuheen, Sanfte Wege zur Lichtnahrung. Von Prana leben und weiterhin das Essen genießen. Koha-Verlag, Burgrain, 2014

Kamp, Matthias, Bruno Gröning, Revolution in der Medizin. Rehabilitation eines Verkannten. Eine ärztliche Dokumentation der Heilung auf geistigem Wege. Grete Häusler Verlag, 1993

Kuba, Franziska. H., Kommen die Kelten wieder? Keltische Erzählungen von Avalon bis heute und deren Hintergründe in der keltisch-christlichen Kultur Europas. Verlag tradition GmbH., Hamburg, 2014

Megre, Wladimir, Anastasia. Band 1: Wer sind wir? Aus dem Russischen übersetzt von Elena Judina. Wega Verlag, Zweite Auflage, Frankeneck, 2001 (2002)

Megre, Wladimir, Anastasia. Band 5: Wer sind wir? Aus dem Russischen übersetzt von Helmut Kunkel. Govinda-Verlag, 4. Auflage, Zürich, November 2016

Moshé Feldenkrais, Das starke Selbst. Anleitung zur Spontaneität, Suhrkamp, Frankfurt a.M., 1992

Orr, Leonard; Halbling, Konrad; Simon, Franz, Ende der Sehnsucht. Anleitung zum Paradies. 2. Aufl., KOHA-Verlag, Burgrain, 1997

Paungger, Johanna und Poppe, Thomas, Tiroler Zahlenrad. Goldmann, 6. Auflage, München, 2010

Plecko, Drago, Das Mysterium Braco 3, Herausgeber: Budenje d.o.o., Zagreb, Srebrnjak 1. Für den Herausgeber: Josip Grbavac, Zagreb, 2015

Purce, Jill, Die Spirale - Symbol der Seelenreise, deutsche Ausgabe Kösel-Verlag GmbH & Co., München, 1974

Schneider, Alex, Die faszinierende Welt der Wissenschaft. Braco. Herausgeber: Budenje d.o.o., Zagreb, Srebrnjak 1. Für den Herausgeber: Josip Grbavac, Zagreb, 2011

Selbst-Verwirklichung, Jahresheft 1988, Gründer: Paramahansa Yogananda, Hrsg. Self-Realization Felloship, Heft 30, Los Angeles, 1998

Spalding, Baird T., Leben und Lehren der Meister im Fernen Osten. Band 1-3. Schirner Verlag, 15. Auflage, Darmstadt, März 2016

Steiner, Rudolf, Gesamtausgabe (GA), Rudolf Steiner Verlag, Dornach/ Schweiz GA 318, S. 50 ?), Vorträge über die Medizin. Das Zusammenwirken von Ärzten und Seelsorgern. Pastoral-Medizinischer Kurs. 1924 http://bdn-steiner.ru/modules.php?name=Ga, (20190411)

Storl, Wolf-Dieter, Heilkräuter und Zauberpflanzen zwischen Haustür und Gartentor, Th. Knaur Nachf. GmbH & Co.KG., München, April 2007

Styger, Anton, Gebete für die Seele. Anrufungen, Gebete, Ablösungs- und Befreiungsrituale. Styger-Verlag, Oberägeri, 2009

Styger, Anton, Gebete für die Seele. Teil 2. Anrufungen, Gebete, Ablösungs- und Befreiungsrituale. Styger-Verlag, Oberägeri, 2018

Universität Innsbruck, Theologische Faklutät, Die Bibel in der Einheitsübersetzung https://www.uibk.ac.at/theol/leseraum/bibel/ (20190411)

Volkamer, Klaus, Die feinstoffliche Erweiterung unseres Weltbildes: Ansatz einer erweiterten Physik zur unbegrenzten Gewinnung freier Energie aus der Feinstofflichkeit. 4. Auflage, Weißensee-Verlag

Yogananda, Autobiograbiographie eines Yogi, Self-Realization Fellowship Publishers, 6. Nachdruck, 2007

Bildquellen
Abb. 1: Sr. Faustyna bekam am 22.2.1931 in einer Vision von Jesus den Auftrag, die Vision in einem Bild festzuhalten, und sein Versprechen für alle, die dieses Bild verehren. Siehe weiters unter https://adorare.ch/tbfaustvw.html (020202)
Abb. 2: Wikipedia gemeinfrei: God-Architect.jpg
https://commons.wikimedia.org/wiki/File:God-Architect.jpg?uselang=de (020202)

***

*Die in diesem Buch vorhandenen Links zu Inhalten von Internetseiten Dritter ("fremden Inhalten") wurden nach bestem Wissen und unter Beachtung größtmöglicher Sorgfalt erstellt und vermitteln lediglich den Zugang zu "fremden Inhalten". Dabei wurde auf die Vertrauenswürdigkeit dritter Anbieter sowie die Rechtmäßigkeit der "fremden Inhalte" besonders geachtet. Da jedoch der Inhalt von Internetseiten dynamisch ist und sich jederzeit ändern kann, ist eine stetige Einzelfallprüfung sämtlicher Inhalte, auf die ein Link erstellt wurde, nicht in jedem Fall möglich und hat keinen Einfluss auf "fremde Inhalte" verlinkter Webseiten Dritter und kann dafür keine Gewähr übernehmen. Für die Inhalte der verlinkten Seiten ist ausschließlich der jeweilige Anbieter oder Betreiber der Seiten verantwortlich. Diese "fremden Inhalte" werden ausdrücklich nicht zu eigen gemacht. Für Schäden aus der Nutzung oder Nichtnutzung "fremder Inhalte" haftet ausschließlich der jeweilige Anbieter der Seite, auf die verwiesen wurde. Bei Bekanntwerden von Rechtsverletzungen werden wir derartige Links umgehend entfernen.

***

Anmerkungen zu den Endnoten:
Die meisten Werke werden hier nur durch Namensnennung der Autorin oder des Autors angeführt. Werden mehrere Titel der Verfasser/innen zitiert, sind sie abgekürzt angegeben. Die vollständigen Angaben finden sich im Literaturverzeichnis, ebenso die Erläuterungen und Haftung zu den vorhandenen Links (Internet).
Originalbibeltexte wurden ausschließlich vom Link der Universität Innsbruck, Theologische Fakultät, https://www.uibk.ac.at/theol/leseraum/bibel/ (191127) entnommen. sofern nicht extra angeführt.

1) Jesus zu Schwester Faustina, siehe weiters https://adorare.ch/tbfaustvw.html (020202)
2) Siehe Herzner, Robert A., Schamanismus. Schlüssel zum Glauben
3) Siehe Moshé Feldenkrais, Das starke Selbst. Anleitung zur Spontaneität, S. 13 Vorwort
4) Siehe Wikipedia, Atom, https://de.wikipedia.org/wiki/Atom (190606)
5) Siehe weiters Der Standard. Diskurs. 19.10.2008
https://www.derstandard.at/story/1224255941020/der-leere-raum-leer-und-voll-zugleich
6) Siehe https://de.wikipedia.org/wiki/Deepak_Chopra (190101)
7) Vortrag 30. April 2011 in Deutschland über Bewusstsein: Vgl. https://www.bpv.ch/blog/deepak-chopra-bewusstsein/ (2019-01-29) Deepak Chopra 08. Dezember 2014
8) Ebd.
9) Siehe weiters https://www.bpv.ch/blog/deepak-chopra-bewusstsein/
10) Siehe unter https://www.focus.de/gesundheit/ratgeber/verdauung/alle-paar-jahre-erneuert-sich-der-koerper-der-sieben-jahres-mythos-sie-sind-viel-juenger-als-sie-glauben_id_5238290.html
11) Ebd.
12) Ebd.
13) Vgl. https://anthrowiki.at/Siebenjahresperioden (191127)
14) Vgl. Jasmuheen, In Resonanz, S.21, S. 97ff.
15) Siehe unter https://www.bpv.ch/newsletter/
16) Siehe unter https://www.tagesspiegel.de/wissen/koerper-und-seele-bewusstsein-kann-man-nicht-auf-prozesse-in-der-hirnrinde-reduzieren/11595550-3.html Körper und Seele 3.4.2015, 7.15 Uhr Hartmut Wewetzer
17) Vgl. Schneider, Alex, Die faszinierende Welt der Wissenschaft, Braco. S. 69-73
18) Ebd.
19) Vgl. https://de.wikipedia.org/wiki/Mu%CA%BFtazila (190101)
20) Vgl. https://www.zeit.de/2008/06/P-Ulrich-Ott, Die Zeit, 31. Januar 2008
21) Vgl. Steiner, Rudolf, Gesamtausgabe GA 7, S. 112
22) Ebd.
23) Siehe weiters Jasmuheen, Resonanzgesetz
24) Siehe weiter Hawkins, David R., Erleuchtung ist möglich., S. 185
25) Siehe Spalding, Baird T., Leben und Lehren der Meister im Fernen Osten, S. 354
26) Siehe Schneider, Alex, Braco, Die faszinierende Welt von Mythos und Wissenschaft, S. 63
27) Volkamer, Klaus, Die feinstoffliche Erweiterung unseres Weltbildes: Ansatz einer erweiterten Physik zur unbegrenzten Gewinnung freier Energie aus der Feinstofflichkeit
28) Ebd.
29) Schneider, Alex, Braco, Die faszinierende Welt von Mythos und Wissenschaft, S. 63 http://www.braco.me/de/testimonials/theoretical/
30) Siehe weiter Hawkins, David R., Erleuchtung ist möglich
31) Siehe weiters die abgewandelte und erweiterte Fassung aus I.v.Ludwigers Buch "Das neue Weltbild des Physikers Burkhard Heim", S. 5. Weiterführende Punkte können auf weiterverfolgt werden.
https://www.jenseits-de.com/g/fo-heim.html (190121)
32) Vgl. Heim, Burkhard, und Dröscher, Walter, Strukturen der physikalischen Welt und ihre nichtmaterielle Seite
33) Siehe weiters Umschlagtext Christina, Zwillinge als Licht geboren, Bernadette von Dreien, Band 1, Govinda-Verlag, Rheinau, 8. Auflage, September 2018
34) Vollständiger Text von Uwe Meier, siehe im Internet auf der Seite Media-Planet: http://www.neurologische-krankheiten.info/unser-gehirn/gehirn-und-psyche-der-einfluss-der-gedanken-auf-die-gesundheit (190202)
35) Ebd.
36) Siehe Jasmuheen, In Resonanz, S. 103f.
37) Ebd.
38) Siehe Yogananda, Autobiographie eines Yogi, S.131f.
39) Siehe Yogananda, Autobiographie eines Yogi, S.131f.
40) Siehe Tolle, Ekkehard, in: Selbstachtung happinez. Das mindstyle Magazin, N. 7/2018, S. 89
41) Siehe https://www.bruno-groening.org/de/brunogroening/lehre-bruno-groenings/der-freie-wille
42) Vgl. Caddy, Eileen, Herzenstüren öffnen, 14. März
43) Vgl. Rüdiger Dahlke, Doris Ehrenberger, Wege der Reinigung. Entgiften, Entschlacken, Loslassen. S. 17, Vom natürlichen Fastenrhythmus zur Überflussgesellschaft.

44) Siehe weiters https://www.ursachewirkung.at/gesellschaft/2070-wir-muessen-die-konsumgesellschaft-abschaffen (191126)
45) Ebd.
46) Siehe weiters https://www.ursachewirkung.at/gesellschaft/2070-wir-muessen-die-konsumgesellschaft-abschaffen (191126)
47) Ebd.
48) Vgl. Caddy, Eileen, Herzenstüren öffnen, 6.März
49) Siehe Caddy, Eileen, Herzenstüren öffnen, 8.März
50) Siehe https://books.openedition.org/chbeck/1339 (191127)
51) Siehe https://www.base-berlin.mpg.de/de/projektinformation/ergebnisse/was-wissen-wir
52) Vgl. Baltes, P. B., Im Einzelnen werden die Ergebnisse in der BASE-Monografie vorgestellt.
53) Vgl. Der Unsichtbare Mensch von Yogananda, Jahresheft 1988, Hrsg. Self-Realization Felloship, Heft 30, S. 3
54) Ebd.
55) Ebd.
56) Siehe Chopra, Deepak, Die heilende Kraft in mir: Altindisches Wissen und moderne Naturwissenschaft. (181220)
57) Ebd.
58) Siehe Caddy, Eileen, Herzenstüren öffnen, 31. Jänner
59) Siehe Orr, Leonard; Halbling, Konrad; Simon, Franz, Ende der Sehnsucht. Anleitung zum Paradies. S. 62
60) Siehe Yogananda, Autobiographie eines Yogi
61) Siehe Jasmuheen, In Resonanz, S. 90f
62) Siehe Spalding, Baird T., Leben und Lehren der Meister im Fernen Osten, Bd. 1-3, S. 355
63) Weiters siehe http://www.braco.me/de/testimonials/theoretical/ (191127)
64) Siehe weiters Selbst-Verwirklichung, Gründer: Paramahansa Yogananda, Jahresheft 1988
65) Siehe Yogananda, Autobiographie eines Yogi, S. 465 FN 3
66) Jasmuheen, Sanfte Wege zur Lichtnahrung. Von Prana leben und weiterhin das Essen genießen
67) Siehe https://de.wikipedia.org/wiki/Glaube (19-06-06)
68) Auszug aus dem Text: www.hanglberger-manfred.de (191127)
69) Siehe vollständigen Text unter http://www.hanglberger-manfred.de/turmbau-babel.htm, Pfarrer und Familientherapeut (i.R.) „Text von Manfred Hanglberger (www.hanglberger-manfred.de)" (191127)
70) Siehe weiters Orr, Leonard, Anleitung zum Leben im Paradies
71) Vollständiger Text siehe unter „Über den Glauben" https://www.youtube.com/results?search_query=braco+%C3%BCber+den+glauben (190606)
72) Auszug „Über den Glauben" https://www.youtube.com/results?search_query=braco+%C3%BCber+den+glauben (190606)
73) Siehe https://de.m.wikipedia.org/wiki/Heilig (190322)
74) Originaltexte wurde entnommen https://www.uibk.ac.at/theol/leseraum/bibel/ (191127)
75) Vollständiger Artikel siehe unter http://kirchlich.net/pages/posts/gelaehmte-ordensfrau-wird-geheilt---die-kirche- erkennt-die- 70.-wunderheilung-von-lourdes-an-16.02.20183359.php (190322)
76) Vollständiger Text siehe https://www.juedische-allgemeine.de/religion/von-krankheit-zu-voelliger-genesung/ von Yizhak Ahren 02.05.2017 15:52 Uhr
77) Siehe https://www.juedische-allgemeine.de/article/view/id/28433 (180917)
78) Siehe https://www.religionen-entdecken.de/lexikon/h/heilige-schriften-im-Islam (191127)
79) Siehe vollständigen Artikel Krankheit & Heilung, Heilwirkungen des Gebets https://islamfatwa.de/krankheit-heilung/174-magie-boeser-blick-wahn-sunna-heilung/sunna-heilung/1269-heilwirkungen-des-gebets (191127)
80) Siehe Ibn Qayyim al-Jawziyyah, rahimahullah aus 'Zaad al-Ma'aad' (4/304-305), Mu'assasatur-Risaalah, 4. Ed., 1424 Übersetzung vom Arabischen ins Englische, plus Titel u. Nummerierung von Moosa Richardson; übersetzt ins Deutsche von M. Y. Biena
81) Siehe weiters in Planet Wissen, Autorin Bettina Wiegand, Kernaussagen des Buddhismus https://www.planet-wissen.de/kultur/religion/buddhismus/pwiekernaussagendesbuddhismus100.html (190606)
82) Siehe weiters http://www.vedische-weisheit.de/, https://www.tibet.de/zeitschrift/archiv/tibet-buddhismus-80-heilung-gesundheit/ (190606)
83) Siehe weiters Franziska Horny, Frauen und Schamanismus, in mona rut, 7 Jahre Frauenkreise, S. 38-47
84) Ebd.

132

85) Alpenvereinsheft Bergauf 04.2018, Alpenverein Österreich

86) Auszug aus dem Artikel, weiters siehe http://www.initiative.cc/Artikel/2006_04_12_Natur%20verbessern.htm, INITIATIVE Information - Natur – Gesellschaft, A-4882 Oberwang (190606)

87) Siehe Hildegard von Bingen, Der Mensch in der Verantwortung, übersetzt v. Prof. Schipperges LVM, MV, S. 34

88) Plečko, Drago, Das Mysterium Braco 3, S. 108ff.

89) Siehe Storl, Wolf-Dieter, Heilkräuter und Zauberpflanzen zwischen Haustür und Gartentor

90) Siehe weiters: Der Wert der Vielfalt, Ein Überblick (101101) von der Redaktion Pflanzenforschung.de, https://www.pflanzenforschung.de/de/journal/journalbeitrage/der-wert-der-vielfalt-ein-ueberblick-1045, Bundesministerium für Bildung und Forschung, Minol, Klaus (Redaktionsleitung)

91) Ebd.

92) Siehe weiters https://www.heilsamessingen.elloco.at/heilsames-singen/

93) Siehe vollständigen Text „Klang des Daseins", https://www.youtube.com/watch?v=2ToMkWxLdx0 21.9.2018, Original The Sound of Being - Braco Official TV

94) Ebd.

95) Siehe http://www.sufismus.ch/178.php (191126) Sufi-Mystik und Derwischtanz Fatimabi

96) Ebd.

97) Siehe weiters Purce, Jill, Die Spirale. Symbol der Seelenreise, S. 30f.

98) Ebd.

99) Weiters siehe Paungger, Johanna und Poppe, Thomas, Tiroler Zahlenrad

100) Ebd., S.10f.

101) Siehe weiters Grabovoi, Grigori, Wiederherstellung des menschlichen Organismus durch Konzentration auf Zahlen, http://www.grabovoi.de/ (191127)

102) Siehe weiters „Die Struktur der Reinigung der Seele" (über eine Vorlesung von Grigori Grabovoi, vom 3.März 2004)

103) Siehe weiters unter http://www.grabovoi.de https://www.meinbezirk.at/event/herzogenburgtraismauer/c-workshop-seminar-infoveranstaltung/workshop-einfuehrung-in-die-schoepferlehre-nach-grigori-grabovoi_e31856 (190325)

104) Siehe weitere Information auf http://www.grabovoi.de/

105) Siehe Bock, Klaus Dietrich, Was ist Medizin?, in: Klaus Dietrich Bock, Wissenschaftliche und alternative Medizin.

106) Siehe „Das ärztliche Gelöbnis" auf den weiteren Seiten des Kap. 6.3.4. Die Medizin, das Wunder und das Wohl der Patienten

107) Siehe weiters http://www.aerztekammer.at/presseaussendungen/-/asset_publisher/gR8t/content/id/21698660 (160622)

108) „Komplementäre Heilmethoden und traditionelle Anwendung in Österreich" https://www.bmgf.gv.at/cms/home/attachments/0/0/1/CH1092/.../heilmethoden1.pdf

109) Siehe Plečko, Drago, Das Mysterium Braco 3

110) Siehe weiters https://www.bpv.ch/blog/deepak-chopra-bewusstsein/ (191127)

111) Auszug aus dem Text: Über den Glauben - Braco Official TV https://www.youtube.com/watch?v=6RXJFIV_ElQ ... Braco und Kritiker, Plečko, Drago, Das Mysterium Braco 3

112) Ebd.

113) Geburtsdatum und Ater unbekannt.

114) Siehe Megre, Wladimir, Anastasia, Bd. 5, S. 239

115) Auszug aus Anastasia, Band 1, Tochter der Taiga

116) Ebd., Kapitel 12

117) Siehe weiters http://www.vdgv.ch/wp/ueber-uns-ph/anastasia/

118) Siehe weiter Megre, Wladimir, Anastasia, Bd. 5, S. 14

119) Postadresse für Leserbriefe PO Box 44, Nowosibirsk 630121, Russland (191114)

120) Siehe weiters www.braco.me

121) Aus einem, anlässlich des bevorstehenden Internationalen Tag des Friedens der UN (21. September 2012), im Live-Interview auf Braco-Europe.tv: https://www.braco.me/

122) Ebd.

123) Ebd.

124) Siehe weiters Plečko, Drago, Das Mysterium Braco 3, S. 95f

125) Ebd.
126) Siehe weiters www.braco.me
127) Schneider, A., Die faszinierende Welt von Mythos und Wissenschaft. Braco.
128) Siehe http://braco-tv.me/livestream.jsp (291127)
129) Siehe https://www.youtube.com/watch?v=0op16zZa5qM (291127) Die Kraft der Stille - Die Geschichte von Braco. Voller Dokumentarfilm. Untertitel verfügbar!
130) Siehe Die Wunderheilungen des Bruno Grönings. Hrsg. Thomas Busse. Die Herforder Zeit.
131) Siehe https://www.bruno-groening.org/de/brunogroening/lehre-bruno-groenings/der-heilstrom
132) Vgl. Hausmann, Wolfgang Dr.jur., Der GROSSE PROZESS gegen Bruno Gröning 1955-1959
133) Vgl. Kamp, Matthias, Bruno Gröning, Revolution in der Medizin. Rehabilitation eines Verkannten. Eine ärztliche Dokumentation der Heilung auf geistigem Wege.
134) Siehe vollständiges Interview von Barbara Reiter mit Rüdiger Dahlke 21.11.2014 im Kurier, Tageszeitung. Für die Bewilligung des Abdruckes danke ich der Chefredaktion vom Kurier!
135) Auszug aus der Serie MYSTICA TV: Gesund mit Dahlke (5) - Den Schatten integrieren
    https://www.youtube.com/watch?v=TkUuKE9Nlek (180110)
136) Ebd.
137) Siehe weiters http://de.dalailama.com/the-dalai-lama/biography-and-daily-life/brief-biography
138) Siehe weiters http://emoto-labo.com/#akiko Als offizielles Verbindungslabor von Office Masaru Emoto außerhalb Japans (EmotoLaboEurope) stellt Akiko Stein, Emoto Labo Europe, den nachfolgenden Text für dieses Buch zur Verfügung.
139) Siehe weiters http://emoto-office.de/ (191127)
140) Vollständiger Text siehe http://netzpool.eu/1379/nachruf-dr-masaru-emoto
141) Yasmuheen, Lichtnahrung. Die Nahrungsquelle für das kommende Jahrtausend, und Yasmuheen, In Resonanz. Das Geheimnis der richtigen Schwingung
142) Siehe Yasmuheen, Sanfte Wege zur Lichtnahrung, S. 10
143) Siehe Yogananda, Autobiographie eines Yogis, S. 512
144) Yasmuheen, Sanfte Wege zur Lichtnahrung, S. 7ff.
145) Vollständigen Text siehe https://www.jasmuheen.com/2017/10/das-goldene-zeitalter-ist-ausgerufen-jasmuheen-juli-2017/ (191127)
146) Siehe weiters http://www.geobiologie.ch/ueber-mich/index.html (191127)
147) Styger, Anton, Gebete für die Seele, Bd 1, S. 8
148) Ebd., S. 12f.
149) Siehe https://www.antonstyger.ch/
150) Siehe Styger, Anton, Gebete für die Seele, Bd 1, S. 166
151) Ebd., S. 8
152) Siehe Paramahansa Yogananda, Autobiographie eines Yogi
153) Siehe weiters Text Erinnerungen an den Meister, Paramahansa Yogananda von Rajarsi Janakananda aus dem Buch: Rajarsi Janakananda, A Great Western Yogi (Englisch)
154) Ebd.
155) Ebd.
156) Siehe weiters Caddy, Eileen, Herzenstüren öffnen, 3. Mai
157) Siehe Goldman. Jonathan, 7 Geheimnisse der Klangheilung, S. 12
158) Siehe Dr.med. Jürgen Birmanns, Lahnstein Jänner 2001 in Bruker, Dr. med. M. O., Gutjahr, Ilse, Fasten – aber richtig! Ein Ratgeber aus der Sprechstunde. S.13f.
159) Siehe weiters u.a. Rüdiger, Dahlke, Doris Ehrenberger, Wege der Reinigung, Entgiften, Entschlacken und Loslassen.
160) Weiters siehe https://www.bruno-groening.org/de/brunogroening/lehre-bruno-groenings/die-grosse-umkehr (191127)
161) Ebd.
162) In: Caroline, Briefe an Meyer, Göttingen, 6. Dezember 1791, Erster Band, Hrsg. Georg Waitz, Verlag von S. Hirzel, Leipzig 1871, S. 86, Internet Archive, auch bei gutenberg.spiegel.de
163) Siehe Immanuel Kant, Allgemeine Naturgeschichte und Theorie des Himmels, A 127.
164) Siehe Orr, Leonard; Halbig, Konrad; Simon, Franz, Ende der Sehnsucht. Anleitung zum Leben im Paradies.

165) Ebd., S. 72

166) Siehe Jasmuheen, In Resonanz, S. 100f.

167) Siehe Jasmuheen, Lichtnahrung, S. 44ff.

168) Siehe Yogananda, Autobiographie eines Yogis

169) Ebd.

170) Siehe Yogananda, Autobiographie eines Yogis, S. 464 / S. 270

171) Weiters siehe Auszüge aus „Die Allgemeingültigkeit des Yoga", in: Die ewige Suche des Menschen von Paramahansa Yogananda http://www.yogananda-srf.org/Die_Allgemeing%C3%BCltigkeit_des_Yoga.aspx (191127)

172) Siehe Jasmuheen, Lichtnahrung, S. 56

173) Weiters siehe Caddy, Eileen, Herzenstüren öffnen, 1. März